KÉVIN ET LES MAGICIENS

L'Opéra maléfique

DANS LA MÊME SÉRIE

Déjà parus

1. La Pendule d'Halloween
2. La Médaille ensorcelée
3. Emily et l'anneau magique
4. Le Fantôme dans le miroir
5. Le Chasseur de sorciers

John Bellairs
avec la collaboration de Brad Strickland

KÉVIN ET LES MAGICIENS

6

L'Opéra maléfique

Traduit de l'anglais (États-Unis)
par Nikou Tridon

Illustrations originales de Lalex

Jeunesse
ÉDITIONS DU
ROCHER
Jean-Paul Bertrand

Titre original : The Doom of the Haunted Opera.

Édition publiée en accord avec Baror International Inc., Armonk, New York, USA.

ISBN 2 268 04577 3

Pour Ann et Tony LaPietra,
Qui m'ont aidé à explorer l'opéra hanté !
B. S.

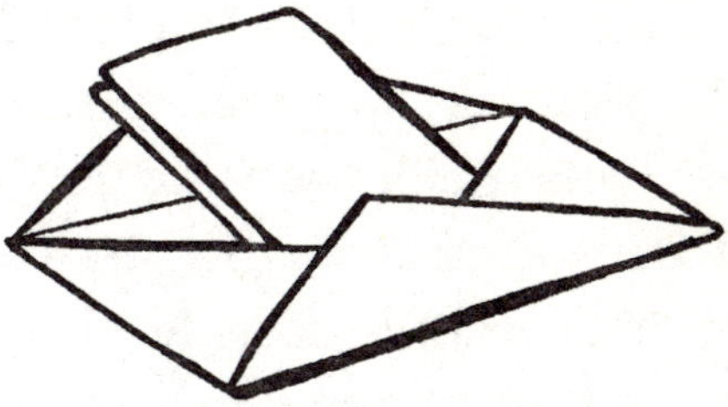

Chapitre 1

– Merci d'être venue, Florence. Et vous, les enfants, vous pouvez rester si vous voulez et écouter ce que je vais dire, dit Jonathan Barnavelt.

C'était un samedi matin, au début des années cinquante. L'hiver touchait à sa fin, mais il faisait encore très froid. Toujours égal à lui-même avec sa barbe rousse broussailleuse et sa tenue habituelle – pantalon kaki délavé, chemise bleue et gilet rouge –, Jonathan avait un air étrangement solennel. Debout derrière son bureau, il tenait dans ses mains une lettre, et c'était cette lettre qui les avait tous réunis dans la grande et vieille demeure des Barnavelt située au bout de la rue Haute à New Zebedee, dans le Michigan.

Ce matin-là, il y avait dans la pièce le neveu de Jonathan, Kévin, sa voisine, Mme Florence Zimmermann, et la meilleure amie de Kévin, Emily Pottinger. Mme Zimmermann était une vieille dame mince et souriante dont le visage tout ridé était surmonté d'une tignasse de cheveux blancs ébouriffés. Sa jupe, son pull, et même ses chaussures étaient de couleur violette. En fait, Mme Zimmermann était une sorcière, mais une gentille sorcière qui n'utilisait ses pouvoirs magiques qu'à bon escient.

Elle était aussi une fabuleuse cuisinière et, ce jour-là, elle allait mettre au four une tarte aux myrtilles lorsque Kévin avait fait un saut chez elle pour lui demander de les rejoindre. La joue tachée de farine, elle était maintenant assise sur une chaise à haut dossier, l'air interrogateur. Kévin, un jeune garçon trapu aux cheveux blond-roux d'environ treize ans, était debout derrière elle, à côté de son amie Emily. Celle-ci avait presque un an de plus que lui, mais ils étaient pourtant dans la même classe. Dehors, derrière les fenêtres du bureau, les bourrasques d'un mois de mars venteux secouaient les branches des arbres dénudés et soulevaient des nuages de neige au sommet des toits. Le ciel était d'un gris foncé menaçant qui annonçait de nouvelles averses de neige ou de grésil.

– Alors, Barbe folle ! s'écria Mme Zimmermann d'un air taquin. Ne fais pas tant de cérémonies et parle-nous de ce mystérieux message que tu as reçu.

Oncle Jonathan soupira. Il déplia la lettre – une épaisse feuille de papier d'aspect officiel de couleur crème – et dit :

– Tu te souviens de Lucius Mickleberry, non ?

Kévin et Emily se regardèrent en haussant les sourcils. Ce nom bizarre ne leur disait rien.

– Bien sûr que je m'en souviens, peut-être même mieux que toi ! dit Mme Zimmermann en riant.

Se tournant vers Kévin et Emily, elle leur expliqua qui était cet homme.

– Lucius était le meilleur sorcier de New Zebedee jusqu'à ce qu'il prenne sa retraite juste après la guerre.

– Il a déménagé en Floride en 1947, ajouta Jonathan.

– Et comment va notre vieil ami ? demanda en souriant Mme Zimmermann.

– Le mieux est sans doute que je te lise sa lettre, dit Jonathan en la regardant d'un air triste.

Il s'assit et alluma sa lampe de bureau, une lampe un peu désuète avec son pied en étain et sa coupole en verre d'un blanc laiteux. Une douce lumière éclaira le bureau, et la pièce parut soudain se réchauffer. Jonathan mit les lunettes d'écaille qu'il utilisait pour lire, toussa pour s'éclaircir la voix et commença sa lecture :

Cher Jonathan,

Quand tu recevras cette lettre, je serai mort. Mais avant de continuer à la lire, va chercher Florence Zimmermann car elle est également concernée par son contenu.

– Ce n'est pas vrai ! s'écria Mme Zimmermann, l'air bouleversé. Lucius est mort ? Je ne savais même pas qu'il était malade. Et que dit-il d'autre ?

Jonathan leva les yeux d'un air agacé.

– Je n'en sais rien, vieille chouette ! J'ai fait ce qu'il demandait et j'ai tout de suite envoyé Kévin te chercher sans lire la suite.

– Eh bien, continue, alors, Barbe folle ! On perd du temps ! dit Mme Zimmermann.

Elle avait son ton brusque habituel, mais Kévin sentit de l'émotion dans sa voix. Elle sortit un mouchoir de sa poche et s'essuya les yeux en reniflant.

Jonathan, qui avait lui aussi les larmes aux yeux, s'éclaircit à nouveau la voix et poursuivit sa lecture :

Ne vous apitoyez pas sur mon sort, je vous en prie. Ma vie a été longue et bien remplie, mais ces dernières années m'ont semblé fastidieuses. La vieillesse m'a ralenti et affaibli, et je ne tiens plus sur mes jambes. Pour tout vous dire, je suis impatient de connaître l'au-delà. Je pars la conscience tranquille et je crois donc que tout se passera bien.

Passons aux choses sérieuses. Vous savez peut-être que j'ai une petite-fille, ici à St. Petersburg, qui a épousé un homme respectable et on ne peut plus normal. Elle ne se doute absolument pas que son vieux grand-père est un sorcier et c'est pourquoi j'ai besoin de vous. Toi, Jonathan, je t'ai nommé exécuteur testamentaire. Tu devras distribuer mes biens après ma mort et je te lègue tous mes livres de magie car tu sauras quoi en faire. Il faudra que tu viennes ici, à St. Petersburg, accomplir cette tâche, mais ma succession paiera ton voyage, et cela te fera des vacances gratuites.

Ce n'est pas tout : j'ai une collection d'amulettes et de talismans dont certains sont assez puissants et d'autres si dangereux qu'il vaut mieux les confier à une personne avertie qui n'en fera pas mauvais usage. J'ai pensé que

Florence Zimmermann (Salut, Florence ! Tu aimes toujours autant le violet ?) était la meilleure juge en la matière, et j'espère qu'elle acceptera de t'accompagner. La succession paiera également ses frais, et chacun de vous recevra en plus un petit legs. Vous trouverez ci-joint les coordonnées de mon notaire. Il veillera à vous faire parvenir cette lettre dès que je ne serai plus là et aura des instructions à votre sujet. Téléphonez-lui pour qu'il puisse régler tous les détails.

Je crois que c'est tout. Si quelque chose devait me manquer dans l'autre monde, ce serait sûrement l'amitié de gens tels que vous. Pensez à moi de temps en temps et sachez que je reste votre ami à jamais.

Lucius Mickleberry

Ayant achevé sa lecture, oncle Jonathan replia la lettre et la posa sur son bureau. Puis il sortit de sa poche un grand mouchoir rouge et se moucha bruyamment.

– Voici la carte du notaire, dit-il. Est-ce qu'on l'appelle ?

– Je suppose que oui, répondit Mme Zimmermann en soupirant. Que Dieu ait son âme ! C'était un bon ami, et il va vraiment me manquer.

– Quel genre d'homme était-il ? demanda Emily.

Jonathan eut un sourire triste et plein de nostalgie.

– Lucius a été président de l'Association des magiciens du comté de Capharnaum pendant plus de trente ans, dit-il. C'était un excellent sorcier qui savait faire des tas de choses en magie, notamment à propos du temps et des conditions atmosphériques. Mais c'était surtout un homme exemplaire, et quand j'étais jeune, il a résolu certains cas de sorcellerie très épineux ici, à New Zebedee, sans que personne ne le sache – sauf ses collègues magiciens, évidemment. Il a même sauvé la ville d'une épouvantable catastrophe sans demander la moindre récompense ni en retirer la moindre gloire. Mais c'est une longue histoire et je vous la raconterai une autre fois.

– Oncle Jonathan, lui demanda brusquement Kévin, est-ce qu'il y a des sorciers et des magiciens *partout* ?

Mme Zimmermann et Jonathan Barnavelt échangèrent un regard amusé.

– En fait, il y en a davantage à certains endroits qu'à d'autres. Tu veux le lui expliquer, vieille sorcière ? C'est toi la vraie professionnelle ici. Moi, je ne suis qu'un magicien de salon !

Mme Zimmermann s'essuya les yeux une dernière fois et rangea son mouchoir en disant :

– Vois-tu, Kévin, la magie ressemble un peu à l'or ou à l'argent. On n'en trouve pas partout sur terre et les gisements sont localisés à certains endroits. Eh bien, aussi curieux que cela paraisse, il en va de même pour la magie. Aux États-Unis, il y a disons peut-être une douzaine de lieux où elle est plus puissante qu'ailleurs. Et figure-toi qu'un des filons les plus riches se situe à New Zebedee dans le Michigan !

– Ça me semble un peu bizarre, madame Zimmermann ! La magie ne s'extrait pas dans des mines ! protesta Emily qui ne perdait jamais le nord et abordait tout de manière rationnelle.

Elle avait l'air très sérieux avec ses longs cheveux bruns et ses grosses lunettes à monture noire.

– Bien sûr que non, Emily ! lui répondit Mme Zimmermann en riant. Ce n'est pas une chose qu'on cherche avec des pelles et des pioches ! Ce que je veux dire, c'est que le pouvoir magique est en quelque sorte concentré à certains endroits où il est plus important qu'ailleurs. Attention, comprends-moi bien, un vrai magicien peut faire son travail n'importe où ! Mais il réussira encore mieux s'il a près de lui un fort courant de magie sur lequel se brancher. Ses charmes et ses sortilèges seront beaucoup plus puissants et efficaces. Quoique, évidemment, certaines personnes sont plus douées que d'autres…

– Hé, fais attention à ce que tu dis, vieux pruneau ! grogna Jonathan en faisant semblant d'être furieux. Ce n'est pas parce que tu es une vraie magicienne, et moi un simple illusionniste, que…

– Je ne parlais pas de nous, Barbe folle ! s'écria Mme Zimmermann avant de poursuivre. Je voulais seulement souligner que certains d'entre nous, comme Lucius, ont pu devenir des magiciens très puissants ici, dans notre ville, alors que d'autres, comme cette pauvre Mildred Jaeger, n'ont jamais réussi à prononcer correctement une incantation. Il n'empêche que, dans un lieu de pouvoir tel que New Zebedee, Mildred a pu faire un peu de magie, même si les choses ne se sont pas toujours passées comme elle l'avait prévu. Voilà pourquoi tant de sorciers ont été attirés par cette ville. Mais le problème, c'est que ceux qui sont maléfiques peuvent également bénéficier de ce surcroît de pouvoir. Et c'est pour cette raison que le père de Lucius Mickleberry a créé l'Association des magiciens du comté de Capharnaum il y a plus d'un siècle. Ses membres sont là pour monter la garde, pour veiller à ce que les pratiques occultes ne soient pas pernicieuses et pour empêcher les individus dangereux d'exploiter le pouvoir concentré à New Zebedee.

– Et, entre-temps, ajouta Jonathan, nous nous réunissons pour jouer aux cartes et nous vanter de nos prétendus exploits. Finalement, tout ça marche assez bien ! Nous protégeons la Terre de la sorcellerie maléfique tout en jouant quelques sous au poker et en croquant les délicieux brownies de la vieille chouette.

– Merci pour le compliment, vieux crapaud ! lui lança Mme Zimmermann en souriant. Quand vas-tu téléphoner au notaire ? ajouta-t-elle d'une voix plus douce.

– Eh bien, nous sommes samedi, mais il y a sur cette carte son numéro de téléphone personnel. Mieux vaut le faire tout de suite, dit Jonathan en tendant la main vers l'appareil.

Quelques minutes plus tard, Jonathan raccrocha en poussant un profond soupir.

– Ils m'ont envoyé cette lettre vraiment très rapidement, expliqua-t-il à Mme Zimmermann. Il y aura un office religieux pour Lucius après-demain et j'aimerais pouvoir y assister.

– Moi aussi, dit Mme Zimmermann.

– Tu sais qu'il va falloir prendre l'avion pour descendre là-bas !

Mme Zimmermann fit la grimace. Elle avait beau être sorcière, elle avait horreur de voyager en avion.

– Bon, d'accord, répondit-elle d'une voix résignée. Tu n'as qu'à faire les réservations. Mais c'est moi qui nous conduirai à l'aéroport ! Je n'ai pas confiance dans ton vieux tacot ni dans ta façon de conduire d'ailleurs.

– Et moi ? demanda Kévin d'une petite voix. Je peux vous accompagner ?

Son oncle lui sourit avec bienveillance.

– Je ne crois pas, Kévin. Cette histoire va peut-être nous prendre quelques semaines et tu ne peux pas manquer l'école aussi longtemps.

– Il peut venir chez moi, proposa sur-le-champ Emily.

– C'est très gentil de ta part, Emily, lui répondit Jonathan, mais cette solution ne conviendra pas forcément à tes parents. Personnellement, je n'aime pas recevoir des invités inattendus, et je ne veux pas les mettre dans l'embarras. Je crois que cela ne devrait pas poser de problème, car Mme Holtz sera probablement ravie de venir habiter ici quelque temps pour s'occuper de tout.

Hannah Holtz était une petite femme enjouée aux joues rebondies qui venait faire le ménage deux fois par semaine. Elle était pleine d'entrain et laissait Kévin faire tout ce qu'il voulait, du moment qu'il ne menaçait pas de détruire la maison.

Comme nombre d'habitants de la ville, Mme Holtz savait que Jonathan était un peu magicien, mais elle aurait été surprise d'apprendre qu'il ne cachait rien dans ses manches, n'utilisait pas de subterfuges pour faire ses tours, et faisait de la vraie magie. Elle était déjà venue passer quelques jours avec Kévin lorsque Jonathan avait dû partir dans le nord du Michigan régler des affaires.

– Si tu es d'accord, Kévin, je l'appellerai.

Kévin sourit. Jonathan ne le traitait jamais en enfant, et c'était une des nombreuses raisons pour lesquelles il aimait vivre chez son oncle.

– Bien sûr, dit-il, pas de problème ! Et si je reste, Emily n'aura pas à se chercher un nouvel associé pour notre projet.

Mme Zimmermann haussa les sourcils.

– Ah bon ! Qu'est-ce que vous mijotez encore ? Vous construisez une fusée pour aller sur la lune ?

Emily fit la grimace.

– Pas vraiment. On a un truc assommant à faire ensemble pour l'école. On doit faire un exposé par écrit sur un lieu, une personne ou un événement de l'histoire locale. Et les autres élèves ont déjà pris tous les sujets intéressants.

Les yeux de Jonathan pétillèrent.

– Je vois de quoi tu veux parler : des exploits des héros de la guerre de Sécession ou de Jimmy Margate, l'as de l'aviation de la Première Guerre mondiale, ou alors de la fabrique de viseurs de bombardier qui avait été installée à New Zebedee pendant la Seconde Guerre mondiale, c'est ça ?

Il connaissait assez bien les centres d'intérêt d'Emily.

– Et aussi de l'époque où New Zebedee a failli devenir la capitale de l'État du Michigan, ajouta-t-elle. Alors on essaie de trouver un truc qui ne soit pas trop barbant.

– Je comprends, dit Jonathan. J'aimerais pouvoir vous aider, mais il va falloir que je m'occupe des préparatifs de notre départ.

– Ne vous en faites pas, répondit Emily en souriant. On va sûrement dégoter quelque chose.

Mme Zimmermann se leva de sa chaise.

– Je me sauve, s'écria-t-elle. Ma tarte ne va pas se faire toute seule. Bonne chance, vous deux ! Nous penserons à vous sous le soleil de Floride !

Derrière la fenêtre, une bourrasque rabattit une giclée de neige fondue qui crépita sur les vitres. Le temps semblait si froid et si menaçant que Kévin frissonna.

– Ne remuez pas le couteau dans la plaie ! lança-t-il.

Chapitre 2

Jonathan s'occupa de tout et, l'après-midi même, tous deux partirent dans la magnifique voiture violette de Mme Zimmermann, une Plymouth Cranbrook 1950 qu'elle appelait Bessie. Mme Holtz s'installa dans la chambre d'amis de la vieille demeure des Barnavelt, ne cessant de se lamenter sur le sort de ce pauvre M. Mickleberry qu'elle ne connaissait même pas. « Elle doit se sentir obligée de compatir pour le principe », pensa Kévin.

Le lundi après-midi, Kévin et Emily, qui n'avaient toujours rien trouvé d'intéressant, étaient assis sur le canapé en train d'apprendre leurs leçons, quand Kévin se rappela soudain que son oncle avait mentionné un jour l'existence d'un vieux théâtre abandonné au centre de New Zebedee. Toutes les devantures des magasins de la grand-rue étaient anciennes et joliment décorées. La plupart des bâtiments n'avaient qu'un seul étage où se trouvaient parfois le studio d'un photographe, le cabinet d'un courtier d'assurances ou les bureaux d'un organisme de placement. Mais l'immeuble du grand bazar et de la Farmers' Seed & Feed Company était différent, nettement plus haut que les autres et beaucoup plus vaste. Et, d'après ce que lui avait dit un jour Jonathan, ses deux derniers étages avaient autrefois abrité l'opéra de New Zebedee qui était fermé depuis des lustres. C'était à lui que venait de penser Kévin, et il le proposa à Emily comme éventuel sujet d'enquête.

– Tu crois ? fit Emily d'un air réticent. Je ne sais pas… Ça ne m'a pas l'air bien passionnant.

Tout ce qui n'avait rien à voir avec les canons et les charges de cavalerie lui semblait généralement sans intérêt.

– Écoute, lui dit Kévin qui venait de trouver un argument convaincant, oncle Jonathan m'a dit que c'est ton grand-père qui a conçu et réalisé ce théâtre. Alors, qu'est-ce que tu en penses ?

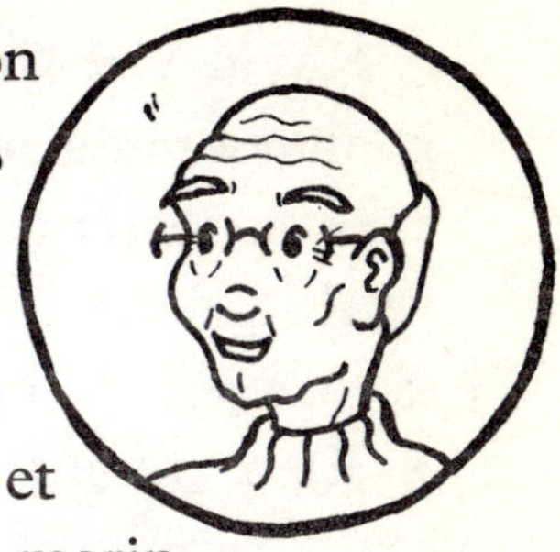

Emily fit un grand sourire. Son grand-père maternel, Albert Galway, avait près de quatre-vingt-dix ans, mais il était en pleine forme et elle l'aimait énormément. Il avait exercé toutes sortes de métiers dans sa vie et avait, entre autres, été géomètre, marin, architecte et entrepreneur. Il était maintenant à la retraite et, très attaché à son indépendance, il habitait une petite maison située rue du Sycomore.

– C'est vrai ? Il ne m'en a jamais parlé ! D'accord, Kévin, ça marche. Par quoi on commence ?

Kévin avait déjà son idée.

– On va interviewer ton grand-père, mais je crois qu'on devrait d'abord aller jeter un coup d'œil à ce théâtre. On y va ?

Emily fit la moue.

– Il gèle dehors, non ?

– On dirait que je te demande d'aller sur la lune ! dit Kévin avec une pointe d'exaspération. On n'a qu'à bien s'emmitoufler et, si on se dépêche, on sera là-bas dans dix minutes. Allcz, tu viens ?

Emily regarda sa montre. Il était 15 h 45.

– Bon, d'accord, dit-elle en soupirant. Mais si je meurs d'une pneumonie, mon fantôme reviendra te hanter toute ta vie !

Kévin demanda à Mme Holtz la permission d'aller en ville, et elle la lui accorda aussitôt. C'était une vieille dame gentille et conciliante qui avait une multitude de petits-enfants et qui aimait bien se retrouver seule de temps à autre. Emily et Kévin enfilèrent leurs manteaux et sortirent de la maison. Il ne tombait plus de neige fondue, mais les rafales de vent leur cinglaient le visage. Ils descendirent rapidement la rue Haute et se dirigèrent vers le centre-ville. De petits nuages de buée glacée leur sortaient de la bouche et leurs yeux se plissaient pour se protéger du vent piquant.

La Farmers' Seed & Feed Company était un comptoir agricole, une sorte de grand entrepôt qui sentait le maïs, le cuir et les oignons. Le sol était encombré de coffres de graines et de barils de semences, et une profusion de harnais, de brides et d'outils agricoles était accrochée aux murs. Le propriétaire, M. Pfeiffer, possédait aussi le grand bazar. C'était un homme corpulent doté d'un gros nez rouge qu'il ne cessait de palper comme pour tester sa maturité, et dont la calvitie ne laissait qu'une petite bande de cheveux poivre et sel à la base du crâne. Kévin et Emily le trouvèrent assis à côté du gros poêle noir du magasin. Il était en train de discuter avec deux de ses clients et semblait s'être installé pour une longue conversation.

Kévin et Emily lui expliquèrent ce qu'ils voulaient, et M. Pfeiffer palpa son nez.

– Pourquoi pas ? D'accord, dit-il. J'vois pas d'inconvénient à ce que vous j'tiez un coup d'œil là-haut tous les deux. Y risque juste d'y faire un peu froid ! Pendant qu'j'y pense, prenez des lampes de poche. Elles sont là, sur c't'étagère. L'électricité est coupée là-haut, et j'ai pas envie d'monter la rallumer.

Il fouilla dans la poche de son pantalon et en sortit la clé de l'opéra.

– Et n'oubliez pas de r'fermer la porte à clé avant de r'descendre ! leur recommanda-t-il.

Leur lampe de poche à la main, Kévin et Emily ressortirent du magasin, tournèrent dans la rue de l'Aigle et grimpèrent le sombre escalier qui menait au théâtre. Emily tourna la clé dans la serrure et la vieille porte patinée par le temps s'ouvrit en gémissant sur ses gonds rouillés. Kévin sentit ses cheveux se hérisser dans le cou.

En serrant les dents, il suivit Emily dans la pénombre du hall d'entrée. De hautes et étroites fenêtres donnaient un peu de jour, mais elles étaient très sales, couvertes de toiles d'araignées, et le temps nuageux n'arrangeait pas les choses. Le sol était recouvert d'un tapis d'une couleur indéfinissable sous l'épaisse couche de poussière. À gauche, il y avait un comptoir et un guichet.

– C'est sûrement le vestiaire où les femmes devaient déposer leurs fourrures, dit Emily en dirigeant vers eux le faisceau de sa lampe de poche. Et c'est là que les hommes devaient laisser leur pardessus et leur haut-de-forme.

– Tu parles ! lança Kévin d'un ton sarcastique. Je suis sûr que personne n'a jamais eu de haut-de-forme à New Zebedee.

– Mais si, ils en avaient, insista Emily. Regarde, il y a deux entrées dans la salle d'opéra. Laquelle tu veux prendre ?

– Celle qui est la plus près, lui répondit Kévin. Je sens que cette poussière va me donner une crise d'éternuements.

– C'est toi qui a voulu venir ici ! lui rappela Emily.

Chacun de leurs pas soulevait un petit nuage de poussière qui sentait le moisi. Ils se dirigèrent vers la première des deux grandes arcades qui s'ouvraient sur la salle de spectacle plongée dans le noir. Aucune fenêtre ne l'éclairait et la faible lueur du hall d'entrée ne dépassait pas le seuil. Kévin alluma sa lampe de poche et promena le faisceau lumineux dans toutes les directions en poussant un sifflement d'admiration.

– C'est beaucoup plus grand que je ne pensais, s'écria-t-il.

D'innombrables rangées de sièges se succédaient devant eux, divisées en trois parties de tailles différentes : deux ailes étroites et triangulaires situées de part et d'autre d'un grand rectangle central. Deux larges allées tapissées de moquette descendaient vers la scène. Les sièges de velours rouge étaient couverts de poussière et de toiles d'araignées, et leurs piètements de fer forgé formaient des boucles et des motifs compliqués. Le sol en pente douce permettait aux spectateurs du fond d'être légèrement surélevés et, au-dessus, dans un balcon en fer à cheval, des bancs étaient disposés comme à l'église.

– Tu crois qu'il contient combien de places ? demanda Emily.

– Peut-être bien mille, répondit Kévin.

Emily fronça les sourcils.

– Ça m'étonnerait ! Il n'y a pas en ville autant de gens qui iraient voir un opéra, lui objecta-t-elle. On va les compter.

Kévin claquait des dents. L'atmosphère était glaciale dans la grande salle et il voyait la buée de sa respiration dans le faisceau de sa lampe.

– Oh non, j'ai pas envie, ça va prendre trop de temps ! s'écria-t-il.

Emily eut l'air amusé.

– Mais on ne va pas les compter un par un ! On va seulement calculer le nombre de sièges dans une rangée de chaque partie et le multiplier par le nombre de rangées. Tu sais bien que Mlle Fogarty se plaint toujours que nos descriptions ne sont pas assez détaillées !

– Il y a des détails qui sont idiots, grommela Kévin.

Ne voulant pas perdre de temps à discuter, il aida Emily à compter les places. Tout en descendant l'allée, ils calculèrent que la salle pouvait contenir cinq cents spectateurs, plus une centaine de personnes au balcon. Kévin braqua sa lampe de poche vers la scène. Deux grandes arcades garnies de rideaux s'ouvraient de chaque côté, fermées par des balustrades montant à la hauteur du genou. Les murs encadrant la scène étaient d'un rose fané décoré de motifs compliqués jaunes et rouges. Sur celui de gauche, il y avait le masque rieur de la comédie, et sur celui de droite, le masque douloureux de la tragédie, tous deux recouverts d'une dorure ternie par le temps.

Kévin et Emily se dirigèrent vers l'avant de la scène et se penchèrent sur la fosse d'orchestre, éclairant avec leurs torches les pupitres rouillés, un vieux piano à queue vermoulu et quelques partitions éparses, jaunies et grignotées par les souris.

– C'est par là qu'on monte sur scène, dit Emily.

Elle grimpa quelques marches et s'avança au milieu de la scène. Puis elle prit une pose théâtrale en braquant sa lampe de poche sur son visage.

– Ô Roméo, Roméo ! Où es-tu, mon cher Roméo ? s'écria-t-elle sur un ton dramatique.

Ne pouvant applaudir avec sa lampe à la main, Kévin se donna quelques claques sur la cuisse, comme un spectateur applaudissant à contrecœur un artiste médiocre.

– Et maintenant, la « Danse des Sept Voiles » ! lui lança-t-il.

Emily lui tira la langue.

– Tiens, il y a un rideau qui se manœuvre avec des cordons, dit-elle. Je vais aller inspecter les coulisses et voir s'il n'y a pas des loges d'acteur ou une réserve d'accessoires avec des épées, des armures et tout le tralala !

Kévin venait de descendre dans la fosse d'orchestre.

– D'accord, dit-il. Je vais voir ce que je trouve ici.

Le plancher de la scène craqua légèrement sous les pieds d'Emily qui s'éloignait. À présent tout seul, Kévin commença à se sentir un peu mal à

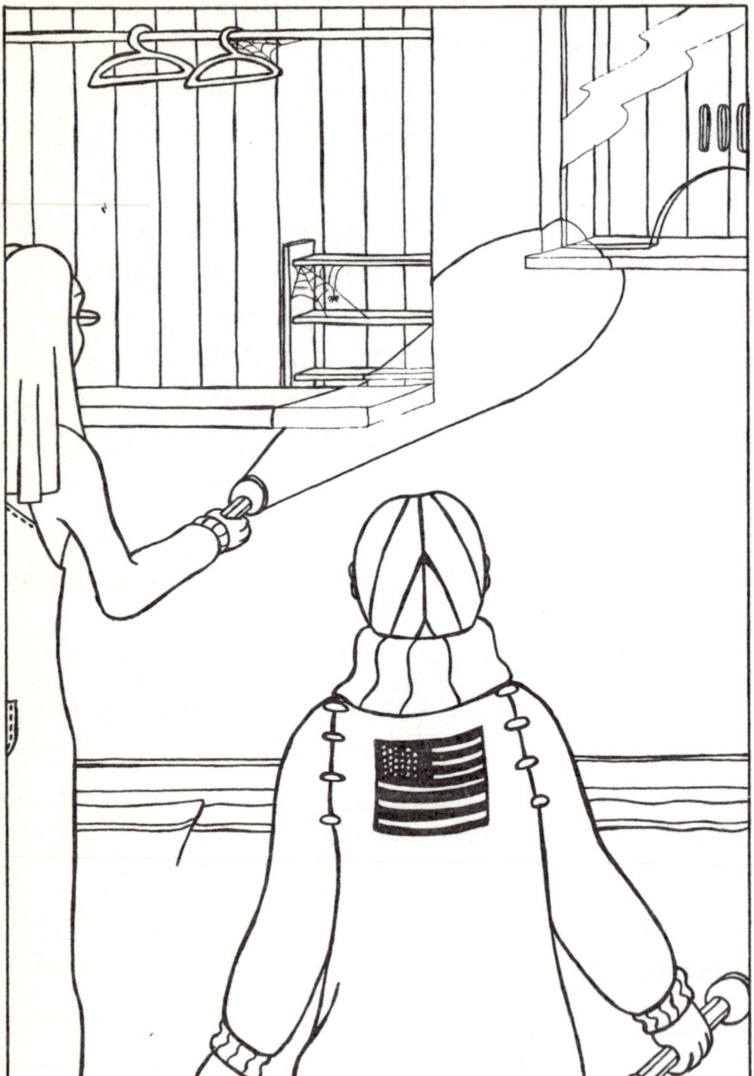

l'aise. L'obscurité le cernait de toutes parts et le cône de lumière de sa lampe de poche lui semblait bien pâle. Sa respiration s'accéléra. Il n'était pas d'une nature très courageuse et ne cessait d'imaginer toutes sortes de catastrophes potentielles – ce qu'il était précisément en train de faire. Peut-être allait-il se retrouver nez à nez avec un gros rat aux abois ou tomber sur un nid de serpents réfugiés dans la fosse d'orchestre pour l'hiver ? Ou se prendre dans une horrible toile pleine d'araignées venimeuses – il y en avait tellement qui pendouillaient et ondulaient partout dans le théâtre ! Ou…

« Allez, secoue-toi un peu ! » se dit-il. Il mourait d'envie de quitter la fosse d'orchestre pour rejoindre Emily, mais elle comprendrait alors qu'il avait eu la trouille et se moquerait de lui, ce dont il avait horreur. Il serra les dents et braqua sa lampe sur les touches jaunies et décalées du vieux piano devant lequel trônait un tabouret branlant recouvert de peluche poussiéreuse. Kévin s'en approcha et pianota d'un doigt, en le fredonnant, l'air d'une réclame qui passait à la radio :

Quand j'ai soif, je bois Popsi,
Maxi-goût et mini-prix,
Et toujours plus grand format,
Popsi Cola, c'est fait pour moi !

Chonk ! La dernière note sonna faux et fit un son étouffé qui n'avait rien de musical. Kévin fronça les sourcils et tapota les autres touches des notes graves sur la gauche du clavier. Une série d'entre elles faisaient le même bruit assourdi, comme si quelque chose bloquait des cordes. Kévin contourna le piano, souleva le couvercle et éclaira l'intérieur avec sa lampe.

Pas étonnant que les touches ne marchent pas ! Les cordes étaient coincées par une épaisse liasse de vieux papiers racornis jaunis par le temps. Il tendit le bras et la sortit du piano. Dans sa main, les bords friables s'émiettaient comme des feuilles mortes. Ainsi mise à l'abri, la liasse n'était pas trop poussiéreuse, et Kévin put lire sur la première page quelques mots écrits à la main d'une écriture désuète :

Le Jour de la Fin du Monde
Un opéra en anglais
d'Immanuel Vanderhelm

Kévin entendit Emily derrière lui.

– Hé ! dit-il. Regarde ce que j'ai trouvé. Ça a l'air drôlement vieux…

Il se retourna et un frisson le parcourut de la tête aux pieds. La personne derrière lui n'était pas Emily. C'était un homme de haute taille vêtu d'un long manteau noir dont les revers étaient en fourrure. Un faux col démodé lui montait jusqu'au menton, et il avait autour du cou une cravate noire fixée par une épingle où étincelait une rangée de diamants. Ses cheveux gris étaient partagés par une raie au milieu, et des favoris encadraient son visage anguleux. Ses yeux enfoncés paraissaient vides, comme des billes marbrées de bleu et blanc, dénuées d'iris ou de pupille. Sa peau était blafarde, du même blanc livide que le ventre d'une grenouille. Sa bouche grande ouverte laissait apparaître des gencives noircies et abîmées et de longues dents gâtées aussi jaunes que les vieilles touches d'ivoire du piano. On aurait dit un homme mort depuis plus d'un mois.

– Prenez garde ! chuchota-t-il d'une voix rauque. Méfiez-vous de cet opéra maléfique ! Il veut être le Roi des Morts !

Glacé d'épouvante, Kévin vit que les pieds de l'homme ne touchaient pas le sol. Il flottait en l'air et son corps semblait transparent. Le faisceau de la lampe de poche le traversait et Kévin pouvait voir le rebord de la scène à travers la maigre poitrine de l'inconnu.

– Prenez garde ! répéta l'homme.

Puis, avec un horrible gémissement, sa silhouette se fondit en un ruban vaporeux qui se dissipa comme un nuage de fumée. Kévin resta un instant les yeux écarquillés, paralysé par le choc.

Puis il hurla de toutes ses forces.

Chapitre 3

Serrant la partition contre sa poitrine de la main gauche et tenant sa lampe de poche de la droite, Kévin grimpa à toute allure les marches de la fosse d'orchestre et courut vers la faible lueur de l'entrée au fond de la salle. L'écho du bruit de ses pas lui faisait croire que le fantôme le poursuivait. Il allait passer sous la grande arcade lorsque quelque chose agrippa son manteau et le tira en arrière. Il poussa un hurlement de terreur.

– Hé ! lui cria Emily. Calme-toi, Kévin, ce n'est que moi !

Il faillit s'évanouir de soulagement. Il ne voulait pas rester dans la salle et courut dans le hall d'entrée où il se posta près d'une des vitres poussiéreuses, comme s'il était prêt à sauter par la fenêtre. Puis, cherchant son souffle, il essaya de raconter à Emily ce qu'il avait vu et entendu.

Elle le regarda d'un air dubitatif.

– Un fantôme ! Tu es sûr ?

Kévin fit oui de la tête.

– Il était horrible, dit-il. Tout gris et raide, et maigre comme un clou.

Emily soupira.

– Tu as une imagination incroyable, tu sais !

Kévin la regarda d'un œil noir.

– Je ne l'ai pas imaginé ! protesta-t-il. Je l'ai vu et entendu. Nom d'un chien, Emily, tu as déjà vu toi aussi des trucs plutôt bizarres, non ?

Kévin savait qu'il avait frappé juste. Depuis qu'elle s'était liée d'amitié avec lui, Emily avait été témoin de quelques événements stupéfiants, et même parfois terrifiants. Elle prit un air songeur.

– C'est vrai, reconnut-elle, visiblement à contrecœur. Mais ils se sont produits à des moments et à des endroits particulièrement sinistres, et non en plein après-midi au centre de New Zebedee.

– Tu trouves que ce n'est pas sinistre, ici ? s'exclama Kévin. Cet opéra immense, plongé dans le noir, où n'importe quoi peut arriver !

– Moi, je n'ai rien vu d'inquiétant, dit Emily. Que des vieilles loges dont la plupart sont encombrées de la camelote du bazar et des marchandises de Seed & Feed. Je suppose que M. Pfeiffer s'en sert comme débarras ou comme entrepôt. Qu'est-ce que tu tiens à la main ?

Kévin serrait toujours la partition de musique contre sa poitrine. Il la lui tendit en disant :

– J'ai trouvé ça caché dans le piano.

– Caché ? Tiens, c'est bizarre…

Emily prit la liasse de papiers racornis et la feuilleta attentivement.

– On dirait que tout est écrit à la main. Il y a la musique, les paroles, et tout et tout. Dis-moi, tu sais qui adorerait voir ce truc ?

– Non, qui ça ? lui demanda Kévin.

– Mlle White.

Mlle White était professeur de musique au collège. Elle organisait sans cesse des récitals et des spectacles, et faisait tout son possible pour intéresser ses élèves à la musique. Elle n'aimait pas beaucoup celle qu'écoutaient les jeunes et disait avec une moue de mépris en parlant du be-bop ou du boogie-woogie : « Les gens *vraiment* cultivés ont d'autres goûts musicaux et savent apprécier la *bonne* musique. »

Kévin regarda la liasse d'un air indécis.

– Je ne sais pas, dit-il lentement. Je tenais cette partition quand j'ai vu le fantôme. Il y a peut-être un lien entre eux.

– Bon, d'accord ! lui répondit Emily en lui tendant la liasse. La voilà. Va la remettre là où tu l'as trouvée. Je vais t'attendre ici, et on oubliera complètement que tu as soulevé le couvercle du piano.

Si les regards pouvaient tuer, celui que lui lança Kévin aurait pu effacer de la Terre la moitié de la population de New Zebedee.

– Je n'irai pas. Tu n'as qu'à la garder puisque tu la trouves si intéressante ! Je ne retournerai pas là-bas, pas tant que l'électricité sera coupée et qu'il n'y aura pas de lumière.

Kévin avait ajouté la dernière partie de la phrase parce qu'il avait horreur d'être un trouillard et parce qu'Emily avait raison : il avait vraiment une imagination débordante. Il lisait énormément et ses lectures s'imprimaient très fortement dans son esprit. Ce qui faisait peur aux autres enfants, c'étaient les monstres qu'ils voyaient au cinéma ou les récits d'épouvante qu'ils entendaient à la radio, alors que Kévin, lui, peuplait ses cauchemars de personnages de roman aussi terrifiants que le professeur Moriarty, le perfide Dr Fu-Manchu ou le méchant Mr Hyde.

Les deux amis restèrent immobiles quelques minutes, le temps que Kévin retrouve son souffle. Puis Emily referma soigneusement la porte à clé et ils redescendirent l'escalier. Ils allèrent rendre les lampes de poche et la clé à M. Pfeiffer qui s'était assoupi dans son fauteuil près du poêle pendant que ses amis continuaient à bavarder de choses et d'autres. Quelques instants plus tard, ils se retrouvèrent dans la rue.

– Où est-ce qu'on va ? dit Kévin.

– On n'a qu'à aller voir mon grand-père, lui lança Emily. Il pourra nous dire quand l'opéra a été construit et il aura peut-être même entendu parler de ton fantôme.

Cette idée n'eut pas l'air de plaire à Kévin.

– Je ne sais pas, dit-il lentement. Cela ne me gêne pas de parler de ce genre de trucs avec oncle Jonathan et Mme Zimmermann parce qu'ils savent que ça existe. Mais ton grand-père va sûrement me prendre pour un dingue.

– D'accord, concéda Emily, on ne lui parlera pas du fantôme. On trouvera un autre moyen d'en apprendre davantage sur lui. Bon, allons-y, sinon je vais geler sur place !

Il était 17 heures passées et le froid s'intensifiait. Ils descendirent la grand-rue jusqu'à la fontaine où l'eau était coupée par la municipalité lorsque la température descendait en dessous de zéro. Les colonnes de marbre qui l'entouraient semblaient sculptées dans la banquise. Emily passa en tête et tourna à gauche dans la rue du Sycomore près du drugstore.

M. Galway, le grand-père d'Emily, habitait une petite maison sans étage située au n° 122. Il aimait

bien bricoler et fabriquait toutes sortes d'objets qui envahissaient peu à peu l'espace autour de la maison : devant, il y avait un bassin à poissons – dont la surface était à présent complètement gelée –, une terrasse dallée agrémentée de meubles de jardin, et une sorte de balancelle accrochée à une structure en bois. Quant au jardin derrière la maison, Kévin, qui avait déjà rendu visite au grand-père d'Emily, savait qu'il était encombré d'une douzaine de vieux automates actionnés par le vent. Ils étaient sculptés à la main et faisaient toutes sortes de trucs bizarres. Il y avait un jongleur en bois qui ne cessait de lancer ses quatre balles, un vieil homme essayant désespérément de trancher la tête d'un dindon qui la retirait chaque fois juste à temps, un voilier qui virait de bord dans le vent tandis qu'un équipage miniature agitait frénétiquement les bras comme s'il tirait sur les cordages. Kévin trouvait tout cela fascinant, mais il avait entendu dire que les voisins de M. Galway ne cessaient de s'en plaindre.

Ils s'approchèrent de la porte d'entrée munie d'une vieille sonnette qu'il fallait actionner à la main – une tête de chien qu'on tournait à l'aide de l'os qu'il avait dans la gueule et qui émettait alors une sorte de grognement sonore. Un instant plus tard, M. Galway leur ouvrit la porte. C'était un homme grand et chauve dont les yeux bleus brillaient derrière ses lunettes sans monture.

– Tiens donc ! s'écria-t-il très cordialement. Ma petite-fille préférée et le grand spécialiste de Sherlock Holmes. Tu as encore démasqué des fripouilles ces temps-ci, Kévin ?

– Non, non, répondit celui-ci avec un grand sourire.

Une des choses que Kévin appréciait le plus chez M. Galway, c'était qu'il avait un jour assisté, dans sa jeunesse, à une conférence d'Arthur Conan Doyle sur le spiritualisme et qu'il était ensuite allé serrer la main du célèbre écrivain. D'une certaine manière, chaque fois que Kévin disait bonjour au grand-père d'Emily, il avait un peu l'impression, par personne interposée, de serrer la main de l'auteur des aventures de Sherlock Holmes.

– Entrez, entrez, ne restez pas dans ce froid glacial ! dit M. Galway.

Ils se dirigèrent vers la salle de séjour où il faisait bien chaud et les lunettes d'Emily se couvrirent aussitôt de buée. Elle les enleva et prit un mouchoir dans la poche de son manteau pour les essuyer. La pièce était très encombrée, mais confortable, avec des dizaines de photographies encadrées accrochées au mur, un gros fauteuil bien rembourré, un long canapé décoré d'une couverture navajo, un porte-revues rempli de *Popular Mechanics* et de *Saturday Evening Post*, et une multitude de bibelots.

Kévin huma les délicieux effluves de rosbif et de tarte aux cerises qui embaumaient la maison. M. Galway, qui avait été cuisinier dans la marine, se préparait lui-même tous ses repas.

– Asseyez-vous tranquillement pendant que je vais jeter un œil en cuisine, dit-il. Je reviens de suite.

Comme Kévin s'y attendait, M. Galway leur rapporta ce qu'il appelait « un petit en-cas » : des sandwichs au rosbif, un grand verre de lait et une part de tarte aux cerises toute chaude pour chacun d'eux. Ils commencèrent à manger pendant qu'Emily faisait part à son grand-père du sujet que Kévin et elle avaient choisi pour leur étude historique. Elle lui demanda alors s'il voulait bien leur parler du vieux théâtre.

– Bien sûr, dit M. Galway d'un air songeur. Je me souviens parfaitement de cette époque. C'était sans doute en 1900. J'avais fini de travailler sur le monument aux morts de la guerre de Sécession. Les étages du bâtiment de la Seed & Feed étaient censés servir d'entrepôt ou de réserve, mais ils étaient finalement restés vides car les employés trouvaient beaucoup trop pénible de monter et descendre les marchandises par l'escalier. Et comme l'Association culturelle de bienfaisance de la ville avait décidé de doter New Zebedee d'une salle de théâtre et de concert, ils ont loué cet espace au vieux monsieur Pfeiffer – le père du propriétaire actuel. Ils m'ont engagé pour concevoir l'installation du théâtre et nous avons mis deux ans pour le réaliser : il a ouvert en mai 1902. Avec *Les Pirates de Penzance* de Gilbert et Sullivan, si je me souviens bien ! J'ai emmené ma femme voir ce spectacle. Pas ta grand-mère, Emily, mais ma première femme, Corail, Dieu ait son âme.

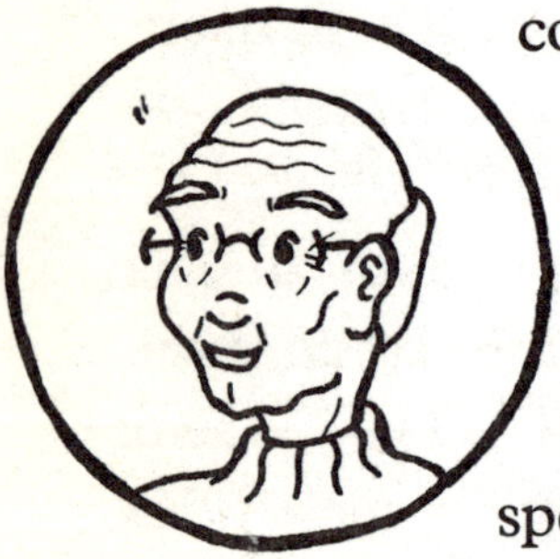

– Et quand le théâtre a-t-il fermé ? lui demanda Emily.

M. Galway fit la grimace.

– C'était après la Première Guerre mondiale. Vers 1919, je pense. Malheureusement, il n'a pas eu énormément de succès. Il a eu pourtant ses heures de gloire ! Caruso y a un jour donné un concert, vous savez, et je me souviens d'une magnifique soirée où le grand magicien Harry Houdini, le virtuose de l'évasion, a présenté quelques numéros stupéfiants. Mais, la plupart du temps, les spectacles n'attiraient pas grand monde. C'est vrai qu'il y a eu la terrible épidémie de grippe juste après la guerre. Elle y a peut-être été pour quelque chose quoique, bien sûr, ce n'est pas l'avis de tout le monde en ville. Beaucoup vous diront que c'est à cause du vieil Immanuel Vanderhelm que tout a mal tourné.

Kévin jeta un coup d'œil à Emily. C'était le nom écrit sur la partition qu'il avait trouvée dans le piano.

– Ah bon ! Et c'était qui, cet Immanuel Vanderhelm ? demanda-t-il.

– Une célébrité de son temps, répondit M. Galway. Du moins, c'est ce que j'ai cru comprendre. On disait qu'il avait chanté dans tous les opéras du monde – en Allemagne, en Italie, en Angleterre, partout. Il était venu s'installer à New Zebedee pour y prendre sa retraite, mais vous savez ce que c'est, il n'avait pas vraiment baissé les bras.

– Comment ça ? demanda Emily qui venait d'avaler la dernière bouchée de sa tarte.

Le vieil homme sourit.

– Il n'avait qu'une seule envie : rechanter, jouer de la musique ou refaire de l'opéra. Il s'est donc mis en tête d'écrire un spectacle pour ce théâtre. Puis il a trouvé des gens pour le jouer, les a fait répéter, et était censé le présenter. Et c'est là que tout a mal tourné.

Emily se pencha en avant.

– Mal tourné ?

– Oui, il a eu toutes sortes de problèmes. Sa soprano s'est cassé la jambe et il a dû la remplacer. Puis le bâtiment où l'on fabriquait les décors a pris

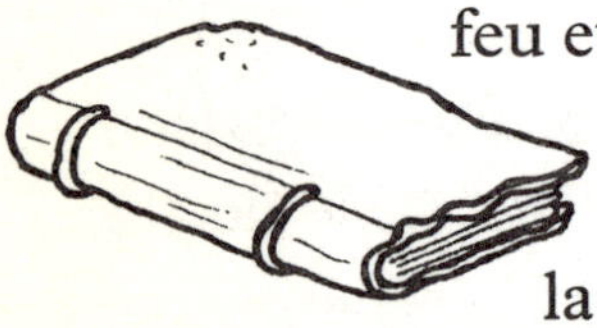

feu et a entièrement brûlé. Ensuite, c'est le directeur du théâtre qui a disparu. Et pour couronner le tout, la moitié des habitants de la ville étaient cloués au lit avec la grippe. Il s'est alors passé un truc très mystérieux. Le soir de la première est arrivé, et M. Vanderhelm n'est tout simplement pas venu. Il a laissé tout le monde en plan, et je crois bien qu'il a emporté l'argent de la recette. En tout cas, on ne l'a jamais revu ! Les gens en ville étaient si écœurés qu'ils ont non seulement annulé le spectacle, mais aussi fermé le théâtre, alors que l'association avait pourtant un bail de quatre-vingt-dix-neuf ans !

M. Galway se leva de son fauteuil et rassembla verres, assiettes et couverts sur un plateau.

– Tiens, je suis en train de penser que j'ai peut-être quelque chose à vous montrer à propos de ce vieux théâtre, dit-il. Rangez-moi tout ça, et je vais voir si je peux le retrouver.

Ils partirent tous deux à la cuisine où Emily fit la vaisselle pendant que Kévin l'essuyait et la rangeait. Au moment où ils revenaient dans la salle de séjour, M. Galway ramena de sa chambre un vieil album de photos dont la reliure en cuir était toute usée. Il s'assit sur le canapé entre Kévin et Emily et commença à le feuilleter. Il contenait des centaines de photos dont la plupart étaient décolorées et jaunies. Beaucoup d'entre elles représentaient des lieux qu'il avait visités quand il était dans la marine : Singapour, Londres, Honolulu et toutes sortes de ports exotiques. Brusquement, il s'arrêta en disant :

– La voilà. Elle a été prise le jour de l'inauguration du théâtre, en 1902.

Kévin regarda la photo. Une douzaine de personnes étaient debout dans le hall d'entrée flambant neuf et, sur le mur derrière le groupe, on distinguait une grande affiche représentant un homme bizarrement accoutré en pirate et annonçant la représentation des *Pirates de Penzance* de Gilbert et Sullivan.

M. Galway tourna la page.

– J'en ai plusieurs car j'étais très fier du travail que j'avais fait dans ce théâtre. Me voilà avec Harry Houdini. Et là… tiens, ça alors !

Il regardait une photo de lui quand il était jeune, avec de beaux cheveux noirs et une grande moustache, debout devant l'escalier d'entrée du bâtiment de Seed & Feed. Au-dessus de la porte était fixée une grande enseigne sur laquelle on pouvait lire OPÉRA DE NEW ZEBEDEE. M. Galway fixait la photo en se grattant la tête.

– Tiens, c'est curieux… Ma mémoire me joue des tours ! J'aurais juré qu'Immanuel Vanderhelm était à côté de moi sur cette photo, et je suis tout seul.

Il revint en arrière pour retrouver la photo des *Pirates de Penzance*.

– Voilà Corail, ma première femme, dit-il.

Kévin se pencha soudain en avant et montra du doigt un homme au premier rang.

– C'est qui ? demanda-t-il.

– Cette grande asperge ? dit M. Galway en souriant. C'est ce vieux Mordecai Finster, le directeur du théâtre. C'est lui qui a quitté la ville juste avant le fiasco du spectacle de Vanderhelm.

Kévin eut une brusque nausée. Il ne pensait pas que Mordecai Finster avait quitté la ville. Quelque chose de bien pire lui était arrivé. L'homme sur la photo était grand et mince, avec des yeux enfoncés et des favoris très fournis. Kévin l'avait déjà vu.

C'était le fantôme de la fosse d'orchestre.

Chapitre 4

Le mardi après-midi, Jonathan Barnavelt était à la fenêtre de la chambre qu'il occupait dans la maison de Lucius Mickleberry, à St. Petersburg en Floride. Le temps était magnifique, et il contemplait le bleu azur des eaux paisibles du golfe du Mexique. La plage de sable qu'il apercevait entre les arbres était d'un blanc éblouissant sous l'ardeur du soleil. Il venait de décrocher le téléphone et parlait à une opératrice du central.

– New Zebedee, répéta-t-il. Le numéro 865.

Il attendit que la communication s'établisse et que la sonnerie se déclenche. Puis il y eut un clic et il reconnut la voix de Mme Holtz :

– Allô, résidence Barnavelt.

– Salut, Hannah ! dit Jonathan. Comment ça va là-bas ?

– Bonjour, Jonathan ! Tout va très bien, merci. Vous êtes allé à l'enterrement de votre ami ?

– C'était un office religieux, précisa Jonathan. Oui, c'était très bien. Je crois que Lucius aurait apprécié.

– Personne ne sait quand viendra son heure, dit Mme Holtz sur un ton de circonstance.

Jonathan eut un grand sourire. Cette petite Mme Holtz si pleine de vie montrait un intérêt peu commun pour les enterrements.

– Est-ce que Kévin est là, Hannah ? lui demanda-t-il. Je voudrais lui parler s'il est rentré du collège.

– Oui, une minute. Je vais le chercher.

Jonathan fredonna un instant. Sur la pelouse, en bas, il vit soudain Mme Zimmermann. Elle s'était changée et avait remplacé la robe noire qu'elle avait mise pour l'office par une robe à fleurs violette. Elle avait sur la tête un chapeau de paille blanc orné d'un ruban violet vif. Une douce brise marine faisait onduler sa robe. Elle leva les yeux et Jonathan lui fit signe en agitant la main.

– Allô ?

C'était la voix de Kévin qui semblait légèrement essoufflé.

– Salut, Kévin, dit Jonathan. Tout va bien à la maison ?

Il y eut un silence, mais Kévin finit par répondre :

– Tout va très bien. Quel temps fait-il là-bas ?

– Un temps splendide, dit Jonathan. Beaucoup de soleil et 25 degrés à l'ombre ! Et vous ?

– Des nuages, du vent et du froid, dit Kévin. Vous avez fixé la date de votre retour ?

– Pas encore. Nous devons aller demain chez le notaire pour la lecture du testament, Florence et moi, et il nous faudra ensuite trier et empaqueter les livres et les objets. Tout ça va prendre un peu de temps, et nous ferons aussi la rupture de baguette.

– La quoi ? demanda Kévin.

– La rupture de baguette ! C'est une cérémonie, lui expliqua son oncle. Quand la magie est en jeu dans la mort d'un sorcier, sa baguette se brise automatiquement. Mais quand il meurt de mort naturelle, comme Lucius, ses amis magiciens lui font une petite cérémonie d'adieu. Ils évoquent son souvenir, lui souhaitent bon voyage et cassent sa baguette en deux. Si mon avion s'écrase au sol en revenant à New Zebedee…

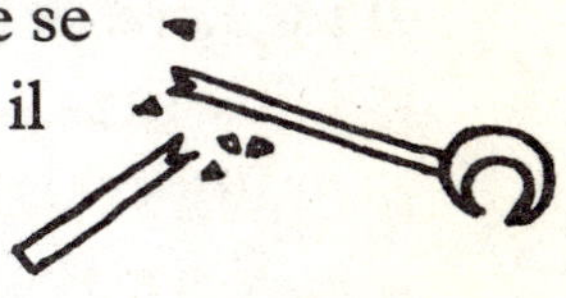

– Oh non, oncle Jonathan, ne dites pas ça !

Kévin avait l'air tendu et inquiet. Jonathan soupira.

– Cela n'arrivera pas, Kévin ! C'était juste pour prendre un exemple et t'expliquer que, dans ce cas, mes amis casseraient ma canne. Et si c'était Florence, on casserait son parapluie magique. C'est une simple cérémonie, c'est tout.

– Bon, mais faites très attention quand même !

Jonathan éclata de rire.

– D'accord ! Dis-moi, est-ce que tout va bien au collège ? Vous avez trouvé un sujet, Emily et toi, pour votre devoir d'histoire ?

– Oui, oui.

– Tant mieux ! Je vais te laisser, Kévin. Et, tu sais, je vais faire les boutiques dans le coin pour voir si je peux te trouver un cadeau. Le pirate Gasparilla sévissait dans la région autrefois, et j'aimerais te dénicher un vieux doublon en or ou une authentique épée de pirate !

– Ce serait super !

– Bon, fais bien attention à toi.

– Vous aussi, oncle Jonathan.

Jonathan raccrocha le combiné et descendit rejoindre Mme Zimmermann. Elle était au bout de la pelouse et s'apprêtait à passer le portail qui donnait sur la plage. Jonathan sortait de la véranda pour la suivre quand il s'arrêta un bref instant. Quelque chose le troublait. Kévin était parfois grognon mais, là, il lui avait paru sombre et déprimé. Jonathan se dit qu'il ne s'était sans doute pas complètement remis de la brutale disparition de ses parents qui étaient morts dans un accident de voiture quelques années plus tôt. De toute manière, pensa-t-il, Mme Holtz avait l'air en forme, et elle l'aurait prévenu s'il y avait eu le moindre problème. Jonathan chassa ce souci de son esprit et accéléra le pas pour rejoindre Mme Zimmermann en lui criant :

– Hé, attends-moi, vieille sorcière !

À New Zebedee, Kévin raccrocha le téléphone et se mordit les lèvres. Il avait failli parler à son oncle du vieux théâtre, du fantôme et de la partition cachée dans le piano, mais deux choses l'en avaient empêché. D'une part, il n'était pas complètement sûr de ne pas s'être trompé. Sa nervosité lui jouait parfois des tours, et le fantôme de Mordecai Finster n'était peut-être qu'une création de son imagination débordante. Quoiqu'il ne voyait pas comment expliquer, dans ce cas, la ressemblance entre l'homme sur la photo de M. Galway et celui qu'il croyait avoir vu dans la fosse d'orchestre. Et d'autre part, il ne voulait surtout pas gâcher le séjour de Jonathan en Floride. Il savait que son oncle avait beaucoup de soucis et ne voulait pas lui en rajouter d'autres.

Lorsque Mme Holtz lui avait demandé de venir au téléphone, il était assis à la table de la salle à manger en train de grignoter une tartine de beurre de cacahuètes en buvant un verre de lait. Il y retourna donc et termina son goûter en réfléchissant à ce qui s'était passé au collège. Emily avait parlé à Mlle Fogarty du

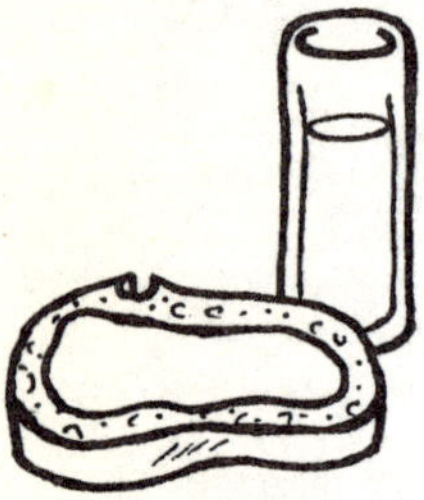

sujet de leur enquête et celle-ci avait approuvé leur choix, si bien qu'ils ne pouvaient maintenant faire machine arrière. Et Mlle White, le professeur de musique, avait été vivement intéressée par la vieille partition musicale. Immanuel Vanderhelm avait été un ténor de renommée mondiale, leur avait-elle expliqué, et la pensée qu'il puisse s'agir d'une œuvre égarée de ce grand artiste l'excitait énormément. Elle avait même téléphoné au rédacteur en chef du *New Zebedee Chronicle* pour lui apprendre la nouvelle. Kévin sentait que les choses lui échappaient.

Il entendit la sonnerie de la porte d'entrée et se leva pour aller ouvrir. C'était Emily, le visage rougi par le froid.

– Regarde ça, dit-elle en lui tendant un journal.

Kévin le lui prit des mains et elle referma la porte. En première page, un gros titre annonçait : « DES JEUNES DE NEW ZEBEDEE DÉCOUVRENT UN OPÉRA PERDU ». Et, dessous, un article racontait tout ce qu'avaient fait Kévin et Emily ainsi que leur découverte dans le vieux théâtre d'une partition intitulée *Le Jour de la fin du monde*. Il concluait en déclarant : « Cet opéra est une parabole des temps modernes montrant comment le XXe siècle inaugure un nouveau monde qui signe l'arrêt de mort de l'ancien. Selon Mlle Ophelia White, la partition de cet opéra semble complète, ce qui pourrait permettre de le jouer. »

– Nous sommes célèbres, dit Emily avec un grand sourire. Je parie que Mlle Fogarty se sentira *forcée* de nous mettre une super note pour notre enquête !

– Peut-être bien, dit Kévin d'un air réticent. Mais tout ça ne me plaît pas beaucoup.

Ils étaient debout dans l'entrée à côté du grand vase chinois bleu et blanc rempli de cannes et de parapluies. Emily mit les mains sur ses hanches.

– Je sais pourquoi ça ne te plaît pas ! C'est parce que tu as eu la frousse !

– Non, protesta Kévin, ce n'est pas ça… C'est seulement que… Oh, je ne sais pas. Je *sens* quelque chose de bizarre, comme si cette stupide partition était restée cachée tout ce temps dans ce piano en attendant que je la découvre. Je sais que ça a l'air idiot, mais ça me tracasse.

– Hé, du calme ! dit Emily, les yeux baissés vers lui.

Elle avait une demi-tête de plus que Kévin qui pourtant, d'après son oncle, était en pleine croissance.

– La musique n'est pas mal, tu sais. Mlle White m'a joué le début de l'ouverture, et j'ai bien vu qu'elle n'avait rien de bizarre ou d'effrayant...

Emily s'interrompit avec un drôle d'air. Kévin voulut lui demander ce qui se passait, mais avant même que les mots ne sortent de sa bouche, sa voix s'étrangla dans sa gorge.

Il entendait quelque chose. Un son aigu et modulé, qui venait de l'extérieur, un peu comme si quelqu'un soufflait dans une flûte sans vraiment parvenir à jouer un air. Il frissonna.

– Tu entends ? murmura-t-il.

Emily fit oui de la tête, les yeux écarquillés derrière ses lunettes.

– Ça vient de dehors, dit-elle. Tu ne crois pas que c'est... euh... le fantôme que tu...

Brusquement, Kévin se détendit et éclata de rire. Il avait reconnu la mélodie. C'était l'air de *Malbrough s'en va-t-en guerre* qui, toutes les cinq ou six notes, déraillait complètement. Il s'approcha de la porte et posa la main sur la poignée en disant :

– Emily, je te présente le fantôme de l'opéra de New Zebedee !

Puis il ouvrit la porte en grand.

Un chat noir et blanc entra sans se presser dans le courant d'air glacial. Il leva les yeux vers Emily, miaula, s'assit par terre et commença à se lécher.

– Je ne comprends pas, dit Emily.

– Je ne t'ai jamais parlé de Jailbird ? Tiens, ça m'étonne ! Au printemps dernier, j'étais dans la cour avec oncle Jonathan quand ce chat s'est pointé. On a appris par la suite qu'il appartenait à Mlle Geer, la bibliothécaire, mais on ne le savait pas sur le moment. Oncle Jonathan lui a jeté un sort pour s'amuser, et le chat s'est mis à siffler.

Emily lui lança un regard incrédule.

– Tu veux rire ?

– Non, non, insista Kévin, c'est la vérité.

Et, comme s'il voulait le prouver, Jailbird arrondit les lèvres et se mit à siffler *Frère Jacques*.

Emily fit la grimace.

– Il siffle affreusement faux, s'écria-t-elle.

– C'est normal, dit Kévin en haussant les épaules. Les chats n'ont pas une très bonne oreille, d'après ce que m'a dit mon oncle. En tout cas, Jailbird a l'air de beaucoup apprécier son nouveau talent, et oncle Jonathan m'a assuré qu'il ne romprait pas le sort tant qu'il n'imiterait pas les cris

d'oiseaux. L'été dernier, pendant que nous étions en Europe et que Mme Zimmermann et toi étiez en Pennsylvanie, Mlle Geer l'a présenté à un concours radiophonique. Mais ils l'ont disqualifié en disant que personne ne croirait que c'était vraiment un chat qui sifflait et que, de toute manière, il n'était pas très doué.

Jailbird se lança dans une interprétation horriblement fausse de *Là-haut sur la montagne*.

– Tu peux le faire taire ? demanda Emily en faisant la grimace.

– Bien sûr. Il veut juste casser la croûte.

Ils allèrent tous à la cuisine, et Kévin ouvrit une boîte de sardines que Jailbird avala à toute allure avant de se pelotonner devant la bouche du chauffage d'un air satisfait. Kévin lava la gamelle que Jonathan utilisait pour donner à manger aux chiens et chats du voisinage, et Jailbird se mit à ronronner comme s'il était content de voir Kévin se taper tout le travail. Puis il sifflota doucement quelques mesures d'une berceuse de Brahms avant de s'endormir.

– Je suppose que ça lui passera un jour ou l'autre, dit Kévin. C'est ce qui arrive à la plupart des sorts que jette oncle Jonathan. Le nain de la boîte à fusibles s'est volatilisé, tu sais. Il a disparu progressivement et, un jour, on ne l'a plus revu.

– Ah bon ! lança Emily en haussant les sourcils.

Le nain de la boîte à fusibles était une autre invention de Jonathan, une sorte de petit bonhomme caché derrière les pots de peinture à la cave qui, quand quelqu'un passait, jaillissait en criant « Croa ! Croa ! Je suis le nain de la boîte à fusibles ! » avant de redisparaître.

– Ce que fait ton oncle avec sa magie n'est pas très utile, fit remarquer Emily.

– En tout cas, il ne fait pas de mal, lui répliqua Kévin.

Il n'avait vraiment pas envie de discuter. L'inquiétude que lui inspiraient le théâtre et la découverte de la partition ne s'était pas dissipée et il avait légèrement mal à la tête. Heureusement, Emily parut le comprendre. Ils firent leurs devoirs et, lorsqu'elle repartit chez elle, Jailbird sortit lui aussi. Kévin et Mme Holtz dînèrent ensemble, puis ils écoutèrent une émission de radio. Il se mit au lit vers 21 heures en souhaitant que son oncle revienne bientôt.

Il passa une nuit très agitée. Il se tourna et se retourna un long moment dans son lit sans pouvoir trouver le sommeil et, quand il finit par s'endormir, il fit un rêve étrange. Emily et lui montaient à nouveau l'escalier menant au théâtre mais, cette fois, toutes les lumières étaient allumées et la foule les bousculaient. Les hommes portaient des queues-de-pie, des cravates blanches et des hauts-de-forme. Les femmes avaient de longues robes blanches, des étoles en fourrure et de splendides colliers de perles et de diamants.

Kévin et Emily finissaient par entrer dans la grande salle qui semblait luxueuse et élégante sous la chaude lumière d'un lustre de cristal étincelant. Un rideau de velours rouge à franges dorées dissimulait la scène et une musique mélancolique montait de la fosse d'orchestre. Cette musique attirait Kévin qui marchait comme un somnambule dans sa direction et se penchait pour voir l'orchestre.

La lumière faisait miroiter le cuivre des cors et des trompettes, le lustre satiné des violons et le bois sombre des autres instruments. Ils étaient tous posés sur des chaises ou appuyés contre elles. Le piano à queue n'était pas là et, à sa place, trônait un orgue impressionnant devant lequel était assis un homme. Ses longs doigts osseux couraient sur les touches en jouant la mystérieuse musique.

Lentement, il tourna la tête et, un instant, Kévin eut peur de voir le visage blafard du fantôme. Mais ce n'était pas lui, même s'il était aussi cadavérique que le sien. L'homme leur fit un grand sourire.

– Laissez donc vos têtes au vestiaire, leur dit-il aimablement. Nous n'avons pas de chats siffleurs ici. Nous faisons de l'Art !

Il éclata de rire et un nuage de petits insectes noirs sortit en tournoyant de sa bouche. Kévin crut d'abord que c'étaient des mouches, mais elle grossirent de plus en plus et se transformèrent en chauves-souris qui se dirigèrent droit sur lui en piaillant et battant des ailes !

Emily et lui firent demi-tour et voulurent remonter l'allée en courant, mais elle était encombrée d'une foule de gens avançant à l'aveuglette et traînant les pieds. Kévin écarquilla les yeux : ils n'avaient pas de tête ! Il n'y avait rien au-dessus des faux cols des hommes, et les cous féminins parés de bijoux s'arrêtaient net au-dessus des perles et des diamants. Emily poussa un hurlement.

La musique était de plus en plus forte derrière eux.

– Si vous voulez que je joue un air, vous devez payer l'artiste ! cria l'organiste d'une voix perçante.

Le nuage noir des chauves-souris piaillantes s'abattit sur Kévin qui tomba par terre. Il perdit de vue Emily et rampa désespérément entre les jambes titubantes des personnages sans tête. Il avait presque réussi à atteindre l'arcade donnant sur le hall d'entrée quand deux ballons se dirigèrent vers lui en rebondissant.

Sauf que ce n'étaient pas des ballons. C'étaient les têtes grimaçantes de Jonathan Barnavelt et de Mme Zimmermann. Elles roulaient vers lui, leurs dents claquant comme si elles allaient le mordre.

Kévin recula précipitamment. Des doigts s'agrippèrent à ses cheveux, et il entendit l'organiste crier :

– Voulez-vous nous la laisser au vestiaire, monsieur ?

Des mains puissantes tirèrent sur sa tête et il sentit son cou s'allonger comme du chewing-gum. Soudain, il entendit un bruit sec et tout devint noir.

Chapitre 5

Cette semaine-là, Kévin fit chaque nuit d'horribles cauchemars du même genre. Emily en eut aussi quelques-uns dont elle rejeta la responsabilité sur lui.

– Si tu ne radotais pas tout le temps sur ces horreurs qui donnent froid dans le dos, je n'y penserais pas autant, se plaignit-elle.

Kévin se fâcha, et ils ne s'adressèrent pratiquement pas la parole jusqu'au vendredi après-midi. Mlle White avait prévu de jouer quelques extraits de l'opéra devant cinq ou six invités, et elle avait également convié les deux amis. À la sortie du dernier cours, Kévin attendit Emily, l'air sombre. Il se sentait déprimé et épuisé par les cauchemars qui l'empêchaient de bien dormir la nuit. Jonathan l'avait rappelé le jeudi après-midi pour lui dire que Mme Zimmermann et lui devaient prolonger leur absence d'une dizaine de jours. Il leur fallait tout répertorier et emballer avant de faire appel aux messageries qui transporteraient les caisses jusqu'à New Zebedee. Une fois de plus, Kévin se retint de lui parler de ses peurs puisqu'il ne s'était finalement rien passé d'affreux, mis à part ses cauchemars.

Emily arriva, apparemment aussi épuisée que lui.

– Tu en as encore eu un ? lui demanda-t-il prudemment.

Ils avaient trop d'affection l'un pour l'autre pour persister dans leur silence. Elle poussa un soupir.

Ils étaient assis au fond de la salle de musique, une pièce claire et lumineuse où l'on avait disposé des rangées de sièges et, çà et là, quelques pupitres à musique. En haut du tableau noir, une bordure qu'on n'effaçait jamais représentait la portée musicale et les divers signes qu'on peut y placer – clé de fa, clé de sol, et toutes les notes, de la blanche à la double-croche. Un piano droit se dressait à côté du tableau. Toute la pièce sentait la poussière de craie et le désinfectant.

Emily finit par lui répondre :

– J'en ai eu un la nuit dernière. J'ai rêvé que j'étais poursuivie par une bande de chats siffleurs. Ils voulaient que je leur apprenne l'air du *Jour de la fin du monde* et me poursuivaient jusque dans un long tunnel noir dont ils finissaient par fermer les deux sorties. Beurk !

Kévin hocha la tête en signe de compassion. Emily était beaucoup plus courageuse que lui, mais il y avait tout de même deux ou trois choses qui la terrifiaient, dont les lieux clos. Elle ne supportait pas d'être dans un placard ou dans un tunnel, et elle semblait bouleversée rien qu'en racontant son rêve à Kévin. Celui-ci soupira et dit :

– Le mien n'était pas si affreux, je crois. J'étais à nouveau au théâtre et je regardais Harry Houdini et Enrico Caruso faire des tours de magie en chantant *J'ai du bon tabac dans ma tabatière*. Brusquement, je me suis aperçu que tous les spectateurs étaient des fantômes. M. Finster, le directeur du théâtre, était là parmi eux. Mais aucun d'eux ne regardait la scène. Tous me fixaient de leurs yeux ronds et vides, et ils me chuchotaient des trucs.

– Qu'est-ce qu'ils disaient ? lui demanda Emily.

Elle avait des cernes sous les yeux et ne put se retenir de bâiller.

– C'était difficile à dire au début, répondit Kévin. Mais leurs murmures se sont peu à peu amplifiés comme le mugissement du vent un jour de tempête. Ils répétaient sans cesse : « Arrête les voix ! Arrête les voix ! » J'ai essayé de me lever pour partir, mais je ne pouvais pas bouger. Et quand j'ai baissé les yeux sur mon propre corps, j'ai vu que j'étais moi aussi devenu un fantôme, et j'ai compris que j'étais condamné à rester assis là, dans ce théâtre, jusqu'à la fin des temps.

Ils entendirent des voix dans le couloir et, un instant plus tard, Mlle White entra avec plusieurs personnes. Surpris, Kévin sentit sa gorge se serrer. Il reconnut l'homme corpulent aux cheveux blancs, M. Davis, le maire de New Zebedee, ainsi qu'un couple d'âge moyen, M. et Mme Paulson, qui publiaient le *New Zebedee Chronicle*. Ils étaient tous deux rondouillards, avec des cheveux bruns grisonnants et un double menton, et se ressemblaient beaucoup. M. Potter, le directeur du collège, leur parlait. Il y avait également deux femmes et deux hommes que Kévin n'avait jamais vus, et Mlle White bavardait en s'adressant à tous.

– Et voici donc nos deux héros, dit-elle en entrant dans la pièce. Ce sont eux qui ont fait cette merveilleuse découverte. Levez-vous, Emily et Kévin.

Ils se mirent debout tous les deux, et Kévin se sentit complètement ridicule. Les adultes sourirent et les saluèrent de la tête en leur murmurant des félicitations polies. Puis Mlle White fit asseoir tout le monde.

– On dirait qu'on est revenu à l'école, hein, Letty ? lança M. Paulson à sa femme.

Elle fit la moue et ne prit pas la peine de lui répondre.

Mlle White était debout à côté du piano. Elle était grande et mince, et portait une jupe droite en tweed gris et un chemisier blanc dont le col était orné d'un ruban noir au nœud tarabiscoté. Ses cheveux auburn étaient bouclés, et les verres de ses lunettes effilés vers les branches lui donnaient l'air d'un chat.

– Je vous ai tous conviés à venir écouter quelques extraits de cet opéra car c'est à mon avis un chef-d'œuvre qui mérite d'être connu du grand public. Je suis sûre que vous serez de mon avis quand vous les aurez entendus.

Elle s'assit devant le clavier, baissa la tête un instant, puis leva les yeux.

– Voici un aria du premier acte du *Jour de la fin du monde*, dit-elle.

Mme Paulson fit à nouveau la moue.

– Ce titre n'est pas très gai, Ophelia ! lui fit-elle remarquer.

– Mais pas du tout ! lui rétorqua Mlle White d'une voix impatiente. C'est une allégorie qui évoque la fin d'une époque révolue de discordes, de guerres et de haine, et l'avènement d'une nouvelle ère de paix et de fraternité.

– Bien, bien. Allons-y, mademoiselle White. Je suis très occupé, vous savez, et je suis sûr que tout le monde ici a beaucoup à faire, lança le maire.

– Voici cet aria qui s'intitule simplement « L'Appel », dit Mlle White, et elle commença à jouer.

Le morceau débutait tout doucement comme une mélodie plaintive et un peu monotone. Kévin lança à Emily un regard qui voulait dire : « Tu parles d'un chef-d'œuvre ! » Emily se contenta de hausser les épaules et les sourcils pour montrer qu'elle était de son avis. Progressivement, la musique devint plus forte et se fit plus insistante. Kévin l'écoutait avec indifférence. À dire vrai, il n'était pas particulièrement amateur de musique, ni même de be-bop. De temps à autre, son oncle écoutait à la radio des émissions passant des airs folkloriques, de la musique country, ou de vieux quadrilles campagnards qui ne ressemblait pas du tout à l'aria que Mlle White était en train de jouer. Kévin fronça le nez. Il trouvait tout ça assommant et mourait d'envie de rentrer à la maison.

Mais, brusquement, il s'aperçut que, contrairement à lui, les invités semblaient beaucoup apprécier cet aria. Ils hochaient la tête, se balançaient discrètement en rythme, et se penchaient en avant, comme hypnotisés, quand Mlle White montait en crescendo. À la fin du morceau, ils applaudirent tous avec enthousiasme.

– Je n'en reviens pas, mademoiselle White, s'écria le maire. Je vous avoue que je ne vous croyais qu'à moitié quand vous nous vantiez la chose, mais vous aviez raison ! Cet Immanuel Vanderhelm était un véritable génie.

– C'est vrai, renchérit Mme Paulson, l'air ravi. J'ai rarement entendu une œuvre aussi belle, et malgré tout si simple. Elle a la grâce et le charme de la musique de Mozart, avec l'esprit de Vivaldi et la vigueur de Beethoven.

– Et vous l'avez parfaitement jouée ! fit remarquer son mari.

– Je vous remercie, lui répondit Mlle White en rougissant.

Ils commencèrent alors à discuter de la meilleure manière de faire connaître cette œuvre au public. M. Paulson suggéra que Mlle White donne un simple récital, mais M. Davis secoua la tête pour montrer qu'il n'était pas d'accord.

– Nous pouvons faire mieux, proposa-t-il, beaucoup mieux ! Les gens pourraient venir de Osee Five Hills, de Kalamazoo et de Ann Arbor pour l'écouter si nous savons nous y prendre. Tiens, nous pourrions même en faire une attraction touristique !

– Comment ça ? demanda l'un des assistants d'un air perplexe.

– Eh bien, nous pourrions monter le spectacle ici en ville, dit le maire. L'Association culturelle de bienfaisance est toujours locataire de l'opéra, et même si elle ne se réunit plus depuis des années, il doit rester à New Zebedee trois ou quatre de ses membres que nous pourrions convoquer pour leur demander de voter la réouverture du théâtre, non ?

– Il y aura beaucoup de travail pour remettre les lieux en état, objecta l'un des hommes. Où est-ce qu'on va trouver l'argent pour le faire, Hugo ? J'voudrais bien l'savoir !

Ils se mirent tous à se disputer. Voyant cela, Emily tira Kévin par la manche et ils sortirent tous deux discrètement de la pièce.

– Ouf ! s'écria Kévin. Je te parie qu'ils vont rester là toute la nuit à se chamailler pour cet horrible opéra !

– Je ne l'ai pas trouvé si horrible, lui dit Emily pensivement. La musique était assez jolie, tout de même…

– Bof ! répliqua Kévin. Je préfère écouter siffler Jailbird !

Ils descendirent l'escalier et ouvrirent la petite porte latérale donnant sur l'allée étroite qui séparait le collège du lycée. Le temps s'était un peu amélioré, et la glace et la neige accumulées pendant tout l'hiver commençaient à fondre. L'air était encore vif, mais l'on y sentait une légère odeur de terre humide qui, comme disait à chaque fois Jonathan, annonçait l'arrivée du printemps. Kévin et Emily se dirigèrent vers l'arrière de la grande bâtisse en pierre sombre pour prendre leurs bicyclettes.

– C'est qui, ce type ? demanda Emily en pédalant le long de l'allée qui passait devant le collège.

Un homme vêtu d'un long pardessus noir était debout devant l'entrée. Il portait un chapeau de feutre noir, des gants de cuir noir, et son pardessus avait un col et des revers en fourrure tachetée de blanc. Sa barbe était soigneusement taillée et il tenait un journal à la main. Kévin, qui ne l'avait jamais vu, pensa que c'était un étranger.

EDEE
ICLE

– Les enfants ! leur cria l'inconnu d'une voix cordiale en les voyant passer. Peut-être pourriez-vous m'aider ? Est-ce bien le collège où des élèves ont trouvé la partition d'un vieil opéra la semaine dernière ?

– Absolument, dit Emily. C'est même nous qui l'avons trouvée. Je suis Emily Pottinger, et voici Kévin Barnavelt.

– Vraiment ? dit l'homme avec un sourire ravi. Quelle chance de tomber sur vous ! J'ai cru comprendre que vous exploriez un théâtre lorsque vous avez fait cette découverte.

– C'est ça, dit Emily. L'opéra de New Zebedee, qui est fermé depuis des dizaines d'années. Harry Houdini était venu y présenter un formidable numéro d'évasion sous l'eau, les mains menottées, mais deux garçons ont ensuite voulu l'imiter et ils se sont noyés. Tout le monde les aimaient, et la ville a été si triste qu'on a fermé le théâtre, et même condamné ses portes et ses fenêtres avec des planches.

Kévin regarda Emily d'un air consterné. Il l'aimait beaucoup, mais elle enjolivait toujours les choses pour leur donner un côté spectaculaire et les rendre plus intéressantes. Il faillit lui dire d'arrêter ce délire, mais n'osa pas le faire devant l'inconnu.

Celui-ci parut prendre au sérieux cette histoire abracadabrante.

– Mon Dieu, mais c'est affreux ! Quoi qu'il en soit, mes enfants, je suis très heureux que vous ayez retrouvé cet opéra. En fait, je m'appelle Henry Vanderhelm, et c'est mon grand-père qui l'a composé.

– Immanuel Vanderhelm ? C'est le nom qui est écrit sur la partition, dit Kévin.

– Oui, c'est ça, Immanuel Vanderhelm. Un artiste de grand renom aux multiples talents, répondit l'homme. Je suis chanteur, tout comme lui, mais je n'ai malheureusement hérité que d'une faible partie de ses dons, et ma réussite a été modeste. Mon père m'a raconté de nombreuses histoires sur la carrière de mon illustre aïeul, et j'aimerais énormément entendre son œuvre.

– Eh bien, vous avez de la chance ! s'écria Emily. Mlle White est justement dans la salle de musique avec la partition sur le piano.

– Ah bon ! Peut-être seriez-vous tous les deux assez aimables pour m'y conduire ?

Les voyant hésiter, Vanderhelm ajouta sur un ton persuasif :

– Vous savez certainement qu'un gentleman ne peut engager la conversation avec une dame sans lui avoir été présenté. Je vous serais extrêmement reconnaissant si vous pouviez faire les présentations.

Kévin ressentit un léger malaise. Sans vraiment savoir pourquoi, il n'avait pas très envie de retourner au collège. Mais, comme il n'arrivait pas à identifier le problème, il se contenta d'approuver de la tête.

– Splendide ! s'écria Vanderhelm. Allons-y ! J'espère que je n'ai pas besoin de bicyclette car j'ai laissé la mienne à l'hôtel National ! ajouta-t-il en souriant pour montrer qu'il plaisantait.

Ils repassèrent par la petite porte et remontèrent l'escalier. En longeant le couloir menant à la salle de musique, ils entendirent des éclats de voix. La porte était ouverte et, au lieu d'attendre les présentations, M. Vanderhelm passa rapidement devant Kévin et Emily et entra le premier dans la pièce.

M. Paulson était juste en train de dire :

– Tu parles ! C'est peut-être une bonne idée, mais où est-ce qu'on va trouver l'artiste qui pourra jouer cet opéra ?

Il s'interrompit en voyant entrer M. Vanderhelm, son pardessus tournoyant comme une cape.

– Jouer cet opéra ? s'écria celui-ci d'une voix chaude et vibrante. Vous voulez faire jouer l'opéra de mon grand-père ?

Mlle White se leva de son tabouret et se pressa les mains contre la poitrine comme si elle allait s'évanouir.

– L'opéra de votre grand-père ? Vous voulez dire que vous êtes… ? demanda M. Davis.

Vanderhelm s'inclina avec un grand geste de la main.

– Je suis le baryton Henry Vanderhelm, monsieur. Et j'ai l'honneur d'être le petit-fils d'Immanuel Vanderhelm, le ténor, le musicien et le compositeur de renommée mondiale. J'ai cru comprendre que vous discutiez de l'œuvre de mon grand-père lorsque je suis entré ?

– Euh… oui…, dit M. Paulson. Nous pouvons enterrer notre brillante idée, je suppose. C'est vous qui détenez les droits de cet opéra, non ?

Vanderhelm agita une main gantée de noir.

– Le monde entier a le droit de l'entendre, monsieur, et ce n'est pas moi qui m'y opposerai ! N'ayez aucune inquiétude à ce sujet. Votre enthousiasme pour l'œuvre de mon grand-père me remplit d'une joie indescriptible. Vous voulez faire jouer *Le Jour de la fin du monde* à New Zebedee ? C'est une idée merveilleuse ! À vrai dire, si vous acceptez mon humble candidature, je suis moi-même prêt à monter, à mettre en scène et à interpréter cet opéra, le tout à mes frais !

M. Paulson battit des mains avec enthousiasme et tout le monde l'imita, y compris Emily. Kévin fut le seul à ne pas applaudir, car un détail l'inquiétait et le laissait perplexe. Il était presque sûr que M. Vanderhelm avait à la main un exemplaire du *New Zebedee Chronicle* quand Emily et lui l'avaient vu devant le collège. Le pardessus noir n'avait pas de poche. Vanderhelm ne l'avait pas jeté dans une corbeille à papiers et ne l'avait pas non plus posé dans la pièce, et pourtant ses mains étaient vides.

Où pouvait-il bien être ? Il s'était tout simplement volatilisé.

Comme un fantôme, pensa Kévin, et il sentit un frisson le parcourir de la tête aux pieds.

Chapitre 6

– D*e sa puissante voix de baryton, M. Vanderhelm s'est alors mis à chanter un extrait de cette œuvre, intitulé « La Clôture », qui a charmé l'assistance,* lut Emily à haute voix.

C'était le dimanche après-midi. Elle était assise en face de Kévin à la table de la salle à manger des Barnavelt. M. Paulson avait publié en première page du journal un article sur Henry Vanderhelm et l'opéra de son grand-père, assorti d'une grande photo où l'artiste avait l'air ravi et plein d'assurance sous les regards admiratifs de Mlle White et Letty Paulson, debout à ses côtés.

– Pas la peine de me le lire, grogna Kévin qui essayait de se concentrer sur sa bande dessinée. J'étais là, tu t'en souviens ?

Emily baissa le journal et lança un regard noir à Kévin.

– Moi aussi, espèce d'idiot ! Je te le lis parce qu'il y a du nouveau. D'après cet article, il s'est passé des trucs intéressants hier, quand la municipalité et la commission scolaire ont rencontré M. Vanderhelm. Mais je suppose que ça ne t'intéresse pas, Monsieur Je-sais-tout ?

– Toute cette histoire ne me dit rien qui vaille, Emily, grommela Kévin. Je préférerais mille fois que nous ne soyons jamais allés dans ce théâtre. Tout ce qui s'est produit depuis me semble bizarre, très bizarre même. J'aimerais bien qu'oncle Jonathan revienne. Il saurait ce qu'il faut faire, lui ! Bon, on va apprendre nos théorèmes de maths, non ? ajouta-t-il en soupirant.

– Sûrement pas, lui rétorqua Emily d'un ton catégorique.

– Allez, Emily ! dit Kévin. Je sais que tu es furieuse contre moi, mais on n'a qu'à oublier tout ça, d'accord ? Je n'aurai plus le temps après, car Mme Holtz veut absolument aller à la messe ce soir et elle m'a demandé de l'accompagner.

– Ce serait idiot d'apprendre ces théorèmes ! protesta Emily. C'est complètement inutile.

Kévin lui lança un regard noir.

– D'accord, Madame La Maligne, dit-il. Moi, je vais le faire, et ne viens pas te plaindre si tu as des ennuis !

– Ça ne servira à rien, je t'assure, insista Emily avec un sourire agaçant.

– Qu'est-ce que tu veux dire ? Tu m'énerves à la fin ! maugréa Kévin.

– Tu n'as pas voulu entendre la suite de l'article, lui dit Emily. Si tu m'avais laissée te le lire, tu saurais que la commission scolaire a annulé les cours la semaine prochaine pour que M. Vanderhelm puisse faire passer ses auditions au collège.

– Qu'est-ce que tu racontes ?

Kévin arracha le journal à Emily et lut l'article. Elle avait dit vrai. M. Vanderhelm avait annoncé son intention de commencer sa sélection le lundi, et la commission scolaire avait suspendu les cours non seulement au collège, mais également au lycée. Les parents eux-mêmes s'étaient portés volontaires pour donner un coup de neuf au vieux théâtre, disait l'article. Kévin posa le journal et regarda fixement Emily. En temps normal, c'était une nouvelle qui l'aurait ravi. Comme tous les

enfants, il était content quand une tempête de neige obligeait l'école à fermer un jour ou deux. Mais là, il avait l'impression que tout allait de travers.

Emily paraissait soucieuse, maintenant qu'elle avait fini de le taquiner.

– Ils sont devenus fous, ou quoi ? On n'arrête pas les cours pour ça ! Ça m'inquiète, tu sais.

Kévin avala sa salive.

– J'ai eu un nouveau cauchemar la nuit dernière, marmonna-t-il.

– Moi aussi.

Ils se regardèrent fixement un moment. Timidement, Kévin lui demanda :

– On fait la paix ?

– Bien sûr, répondit Emily en souriant.

Puis elle frissonna légèrement.

– J'aimerais que Mme Zimmermann soit de retour. Elle saurait ce qu'il faut faire.

Kévin prit brusquement une décision.

– On va appeler oncle Jonathan, dit-il. Il m'a laissé le numéro de téléphone de la maison de M. Mickleberry. C'est là qu'il habite avec Mme Zimmermann. Il faut qu'on les mette au courant de la situation.

Kévin monta dans sa chambre chercher le numéro et ils allèrent tous deux dans le bureau. Kévin se glissa dans le fauteuil de son oncle et décrocha le combiné.

– Quel numéro demandez-vous, dit l'opératrice d'une voix aimable et enjouée.

– Euh… c'est un appel interurbain, dit Kévin.

Il lui indiqua le numéro. Il y eut un déclic et la ligne grésilla quelques instants. Puis il entendit l'opératrice lui dire :

– Je suis désolée. Je n'arrive pas à établir la communication avec la Floride. Pouvez-vous rappeler dans un moment, s'il vous plaît ?

– Oui, merci, dit Kévin.

Il raccrocha d'un air sombre.

Ça ne passe pas, expliqua-t-il à Emily.

– C'est curieux, lui fit remarquer Emily en fronçant les sourcils. Ton oncle t'a téléphoné plusieurs fois et il n'a pas eu de difficulté pour t'appeler. Je me demande pourquoi ça ne marche pas.

– Je n'en sais rien, dit Kévin.

Il tambourinait des doigts sur le bureau.

– On réessayera dans une heure, ajouta-t-il. On peut laisser tomber nos devoirs, alors ! Tu veux jouer aux échecs ?

Ils sortirent l'échiquier et l'installèrent sur la table de la salle à manger. C'était un jeu magnifique que Jonathan s'était offert pour se faire plaisir. Il était en cuir et les cases n'étaient pas blanches et noires, mais ivoire et marron foncé. Les pièces étaient de teintes assorties, les unes en marbre blanc, et les autres dans un marbre couleur chocolat provenant d'une obscure carrière de Lombardie, une région du nord de l'Italie. Jonathan leur avait jeté un sort, si bien qu'elles pouvaient commenter le jeu. Quand un cavalier était déplacé sur une case où il menaçait une autre pièce, il s'écriait : « En garde, manant, défends-toi ! » Et quand un pion était pris, il glapissait d'une petite voix haut perchée : « Ça y est, tu m'as eu, mon vieux ! » Emily gagna la partie en faisant échec et mat avec sa reine.

– Ton compte est bon, mon grand, fit la reine avec la voix de l'actrice Mae West.

Vaincu, le roi de Kévin murmura :

– Miséricorde, est-ce la fin de mon règne ?

Puis il tomba à la renverse.

Ils essayèrent de rappeler Jonathan et Mme Zimmermann, mais, à nouveau, l'opératrice ne put établir la communication interurbaine. Et, comme l'heure du dîner approchait, Emily rentra chez elle. Kévin erra un moment dans la maison, vaguement inquiet. Il passa dans l'escalier de l'aile sud et regarda fixement le vitrail ovale qui changeait chaque fois qu'il venait le voir. Il représentait ce jour-là un ange blanc qui volait dans un ciel bleu azur en jouant de la harpe. Kévin pensa brusquement au portemanteau magique qui était dans le hall d'entrée et décida d'aller y jeter un coup d'œil.

Ce portemanteau comportait un miroir arrondi où apparaissaient parfois des scènes étranges et insolites. Kévin y avait vu des pyramides maya, une partie de la bataille de la Nouvelle-Orléans, et même l'horrible paysage de la lointaine planète Yuggoth qui poursuivait sa route entre les étoiles dans les obscures profondeurs de l'espace. Il fixa le miroir un moment, ne voyant au début que son propre visage joufflu qui avait l'air épuisé. Mais il vit soudain apparaître une mer bleue ondulant sous l'écume des vagues. Une plage de sable blanc s'étendait sous un chaud soleil estival et les longues feuilles des palmiers dattiers se balançaient mollement dans la brise. Un grand parasol planté dans le sable abritait deux serviettes de plage, une violette et une blanche. Kévin plissa les yeux pour mieux voir. Deux silhouettes étaient allongées sur les serviettes. L'une, qui lisait un livre, avait les cheveux blancs et portait un maillot de bain violet démodé. L'autre, en débardeur orange et slip de bain bleu marine, était couchée sur le ventre et apparemment endormie. Kévin eut un grand sourire. C'était Mme Zimmermann et oncle Jonathan.

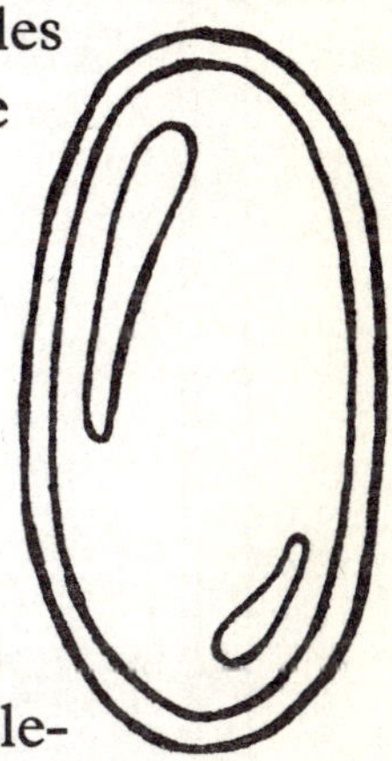

À cet instant, Mme Holtz l'appela pour le dîner. Il détourna la tête pour lui répondre et, quand il ramena son regard sur le miroir, il ne vit plus que son propre reflet. Malgré tout un peu réconforté, il se dirigea vers la salle à manger de meilleure humeur.

Le matin suivant, Kévin se réveilla en sursaut et cligna des yeux pour voir l'heure sur le réveil de sa table de nuit. 7 h 30 ! Affolé, il sauta du lit et commença à s'habiller à toute allure lorsqu'il se rappela subitement que, la veille au soir, il avait supprimé la sonnerie puisqu'il n'avait pas cours le lendemain. Il poussa un soupir de soulagement, prit sa douche et s'habilla plus calmement. Quand il descendit au rez-de-chaussée, Mme Holtz avait préparé le petit déjeuner – frites, œufs brouillés et petits pains aux raisins. Elle était presque aussi bonne cuisinière que Mme Zimmermann, et tout cela sentait très bon.

Debout devant le buffet, Mme Holtz, les sourcils froncés, marmonnait toute seule en tripotant les boutons de son poste de radio. Elle aimait bien écouter les informations et la météo le matin au petit déjeuner, mais semblait avoir du mal à capter la station de Chicago.

– Bonjour, Mme Holtz, lança Kévin en s'asseyant et en commençant à se servir d'œufs et de pommes de terre. Qu'est ce qui ne va pas ?

– Cette maudite radio est en panne, dit-elle en tapant vigoureusement sur le poste. Je n'arrivais pas à prendre Chicago, alors j'ai essayé de capter Grand Rapids, mais je ne trouve rien d'autre aujourd'hui que WNZB.

WNZB était la station de New Zebedee qui ne diffusait le matin que des informations agricoles et une émission intitulée « La foire au troc » où les auditeurs pouvaient proposer des trucs à vendre, comme des vieux grille-pain, des porcelets à engraisser ou des camionnettes dont il fallait changer le moteur et refaire la carrosserie. Cela n'avait aucun intérêt. Mme Holtz finit par renoncer et s'assit à table. Elle avait déjà mangé, mais elle reprit une tasse de café d'un air ronchon qui ne lui ressemblait pas, contrariée de rater ses émissions matinales habituelles.

Son petit déjeuner terminé, Kévin alla dans le bureau pour essayer la radio de son oncle – un grand modèle avec un cadran rond comportant neuf bandes de fréquences. On pouvait y écouter toutes les stations ordinaires, ou bien passer sur les ondes courtes et entendre des émissions lointaines dont les speakers parlaient dans des langues inconnues. On pouvait également capter les bulletins météo, les appels de la police, et les fréquences des avions où les pilotes parlaient à leur tour de contrôle. Et même les radioamateurs qui bavardaient avec leurs copains dans tous les coins du globe.

Or, ce matin-là, Kévin ne trouva rien d'autre que la vieille station de New Zebedee. Il fronça les sourcils. Mme Holtz croyait que sa radio était en panne alors que, visiblement, le problème était général. Il s'assit au bureau et voulut réessayer de téléphoner à son oncle. Mais dès qu'il eut donné le numéro, il entendit l'opératrice lui dire :

– Je suis désolée, nous ne pouvons établir de communications interurbaines pour l'instant. Pourriez-vous renouveler votre appel un peu plus tard ?

Sentant l'inquiétude le gagner, Kévin demanda à Mme Holtz la permission d'aller voir Emily. Elle la lui accorda volontiers en lui recommandant d'être bien poli. Il enfila son manteau, prit son vélo et pédala jusqu'à la rue du Château où habitait son amie. Mme Pottinger appela sa fille et ils allèrent tous les deux dans la salle de séjour. Les Pottinger avaient un appareil de télévision, mais quand Kévin et Emily essayèrent de l'allumer, l'écran resta vide.

– C'est drôlement bizarre, tu ne trouves pas ? s'écria Kévin d'un air anxieux.

Emily se mordit les lèvres.

– Papa était furieux ce matin parce que le journal de Detroit n'est pas arrivé. Je n'y comprends rien. Qu'est-ce que ça veut dire, à ton avis ?

– Comment veux-tu que je le sache ?

– C'est toi qui te prends pour Sherlock Holmes ! rétorqua Emily.

Mais elle ajouta aussitôt d'une voix plus douce :

– Excuse-moi, je ne veux pas me disputer. Tout ça me rend un peu nerveuse.

Kévin resta songeur un moment.

– Je sais ce qu'on va faire, dit-il. On ne peut pas obtenir de communication extérieure en téléphonant de New Zebedee, mais je parie qu'on y arriverait si on prenait nos vélos pour aller à Eldridge Corners. Il y a un téléphone à pièces à la station d'essence et il dépend du central d'Homère, pas de celui de New Zebedee.

– Ça fait quand même loin en vélo, lui objecta Emily d'un air hésitant.

Eldridge Corners était à environ huit kilomètres sur la route sinueuse qui menait à Homère.

– On n'a rien d'autre à faire, répondit Kévin. Il n'y a pas école aujourd'hui.

– Bon d'accord. Je vais dire à maman qu'on va faire un tour.

Emily prépara un pique-nique : sandwichs au jambon, pommes et biscuits, ainsi que deux bouteilles de limonade qu'elle alla chercher dans le réfrigérateur. Elle rangea ces provisions dans les sacoches de son vélo et ils se mirent en route.

Le temps était presque printanier et il faisait beaucoup moins froid que la semaine précédente. Il restait un peu de neige dans les endroits qui restaient à l'ombre et l'air était vif, sans être glacial comme avant. Le ciel était bleu et le soleil brillait. Emily et Kévin traversèrent la ville et, en pédalant dans la grand-rue, ils virent deux grandes échelles appuyées contre le bâtiment de Seed & Feed. Des élèves du lycée était en train d'accrocher au mur de brique une enseigne sur laquelle était écrit en lettres fraîchement peintes vertes et jaunes : OPÉRA DE NEW ZEBEDEE. Et dessous, une banderole peinte en rouge vif annonçait : PROCHAINEMENT, GRAND SPECTACLE DE RÉOUVERTURE.

Emily et Kévin se regardèrent et continuèrent vers la voie ferrée pour rejoindre la route d'Homère. Ils venaient de traverser le passage à niveau en tressautant sur les rails et longeaient le terrain de sport quand ils se retrouvèrent subitement en plein brouillard. Tout était gris et Kévin devinait à peine Emily qui roulait devant lui. Il ne voyait rien d'autre, pas même le sol sous les roues de son vélo.

– Il est bizarre, ce brouillard ! dit Emily en ralentissant. Il faisait si beau ! Tiens, on dirait qu'il s'éclaircit !

Ils avaient roulé pendant quelques secondes à l'aveuglette dans une vraie purée de pois qui semblait effectivement peu à peu se diluer. Brusquement, leurs bicyclettes cahotèrent sur des rails de chemin de fer.

Kévin freina, sentant la panique le gagner. Ils revenaient vers la ville ! Ils avaient fait demi-tour sans s'en rendre compte, alors qu'ils n'avaient pas tourné leur guidon.

– Comment ça se fait ? s'exclama Emily.

Kévin ne répondit pas et repartit en sens inverse. Emily le suivit et lui rentra presque dedans quelques instants plus tard. Leurs vélos tressautèrent à nouveau sur les rails et ils se retrouvèrent au même endroit, pédalant en direction du centre ville.

– Nous sommes pris au piège, dit Kévin en luttant contre son envie de hurler. On ne peut pas sortir de la ville… et je comprends pourquoi ton père n'a pas eu son journal ce matin : personne ne peut venir à New Zebedee non plus !

Emily le regarda fixement, les yeux agrandis par la peur.

– Et on ne reçoit plus rien de l'extérieur à la télé ou à la radio…, ajouta-t-elle.

D'une voix tremblante, elle demanda à Kévin :

– Tu crois qu'il s'est passé quelque chose dans le monde et qu'il ne reste plus que New Zebedee sur Terre ?

Il n'avait pas pensé à cette explication, mais elle lui parut plausible.

Terrorisé, Kévin sentit qu'il allait devenir fou.

Chapitre 7

Un inquiétant anneau de brouillard cernait New Zebedee. Kévin et Emily s'aperçurent qu'ils ne pouvaient dépasser les limites territoriales de la ville, tant sur la route d'Homère que sur les nationales 9 et 12. Ils réussirent pourtant à aller un peu plus loin en traversant le parc de la rivière Wilder et en montant vers le cimetière. La côte était si raide qu'ils durent descendre de leur bicyclette et la pousser en marchant. Le vieux et beau cimetière de New Zebedee était situé au sud de la ville, perché sur une hauteur escarpée dont les deux versants étaient entaillés par une route étroite et non goudronnée. Emily et Kévin s'arrêtèrent pour garer leurs vélos sous le porche. L'entrée du cimetière était une lourde arche de pierre surchargée de sculptures, dont le linteau portait une inscription :

Les trompettes sonneront
et
Les morts seront ressuscités

Kévin sentit ses genoux flageoler. Le cimetière lui rappelait de mauvais souvenirs et il n'y était plus venu depuis des années. Une nuit d'Halloween, quand il était plus jeune, il avait retrouvé là-bas, à minuit, un garçon nommé Tarby Corrigan, et il avait voulu crâner en jetant un sort sur la tombe des Izard – un sort censé réveiller les morts [1]. Il faisait encore des cauchemars sur ce qu'il avait fait sortir de ce sinistre mausolée.

– Regarde, s'écria Emily d'une voix admirative.

La vue était magnifique : en bas, au premier plan, on voyait les arbres dénudés du parc Wilder et plus loin, au fond, la ville de New Zebedee. De longs bancs de brume grise s'étendaient de part et d'autre de l'agglomération et, même s'il ne pouvait le voir,

---

1. Voir « Kévin et les magiciens », tome 1 : *La Pendule d'Halloween.*

Kévin était sûr qu'ils se rejoignaient derrière la ville pour l'encercler. Ce brouillard épais et stagnant était sombre comme un nuage d'orage, ce qui était étrange puisque le soleil brillait. Il aurait dû être plus clair et plus lumineux. Emily soupira et entra dans le cimetière.

– On va voir si on peut sortir de l'autre côté, dit-elle.

Le cœur battant à tout rompre, Kévin la suivit dans l'allée principale. Ils traversèrent un secteur où toutes les sculptures des tombes imitaient le bois, puis un autre qui regorgeait de statues de femmes en larmes s'appuyant sur des urnes et de chérubins éteignant des torches. Ils arrivèrent enfin devant la grille longeant l'arrière du cimetière, une grille en fer forgé aux motifs compliqués, jalonnée tous les trois mètres de hauts fers de lance. Derrière elle, le mystérieux banc de brouillard gris laissait s'échapper çà et là quelques rubans de brume. Ils battirent en retraite vers le haut du cimetière, où Emily parvint à grimper sur le toit d'un mausolée en s'accrochant aux barreaux de la porte.

– Inutile d'insister, cria-t-elle à Kévin. Nous sommes cernés.

Elle redescendit tant bien que mal et lui expliqua ce qu'elle avait vu en le dessinant par terre avec un bout de bois. Le brouillard recouvrait tout, sauf le cimetière et la ville qui formaient une sorte de 8 mal équilibré, la petite boucle représentant le cimetière et la grande boucle la ville. Kévin promena craintivement les yeux autour de lui. Un peu plus bas, une statue de pierre grise, une femme vêtue d'une grande cape dont la capuche lui cachait le front, avait l'air de le fixer du regard.

– Qu'est-ce qu'on va faire ?

– Je ne sais vraiment pas, lui répondit Emily en secouant la tête. On peut escalader la grille, mais je suis sûre que ça ne servira à rien. On s'éloignera de quelques pas dans le brouillard et on retombera aussitôt sur elle.

Kévin soupira et se tourna. Brusquement, il sentit un frisson lui parcourir le dos. La femme au capuchon semblait s'être approchée, non ? Il essaya de se rappeler où elle se trouvait quelques instants plus tôt. Il avait l'impression qu'elle avançait vers lui à grands pas, une expression sinistre sur son visage minéral. Kévin la regarda fixement, mais elle ne bougeait pas. Il avala sa salive et se retourna vers Emily.

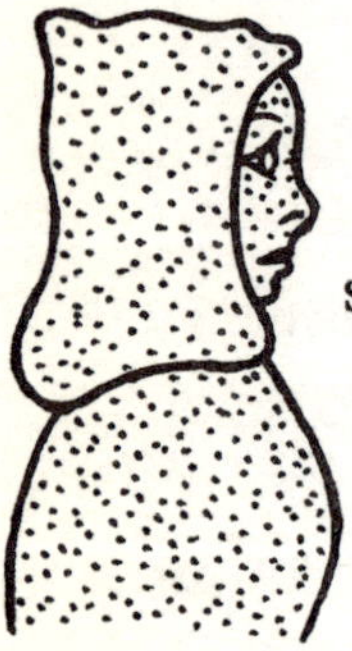

– Et si c'était à cause de la musique ? Peut-être qu'en chantant, ce M. Vanderhelm a fait quelque chose d'affreux, tu ne crois pas ?

– C'est vrai, le morceau s'appelait « La Clôture », ajouta Emily pensivement. Il a peut-être eu un effet magique, comme fermer la ville au monde extérieur et vice versa !

Kévin fronça les sourcils.

– Et le morceau que Mlle White a joué s'appelait « L'Appel ». C'est sûrement lui qui a attiré cet Henry Vanderhelm !

– Je me demande qui est cet homme en réalité, dit Emily d'un air perplexe.

Kévin eut soudain une idée.

– Et si c'était le vieil Immanuel Vanderhelm qui était revenu pour finir ce qu'il avait commencé en 1919 ?

Kévin se mit à trembler et regarda par-dessus son épaule. Ses yeux s'écarquillèrent et sa bouche s'entrouvrit.

Emily réfléchit un instant à cette hypothèse et secoua la tête.

– Non, je ne crois pas. Henry Vanderhelm n'a pas plus de trente ans et il est sûrement, comme il l'affirme, le petit-fils d'Immanuel Vanderhelm.

– Emi… Emily, balbutia Kévin. Re… regarde là en bas !

Elle le regarda d'un air inquiet en fronçant les sourcils et suivit des yeux la direction qu'il pointait d'un doigt tremblant.

– Quoi ? C'est une statue ! Qu'est-ce qu'elle a ?

– Elle t… tend les bras vers nous.

– Mais non ! Elle implore la miséricorde du ciel, ou un truc de ce genre.

– Je suis sûr qu'elle ne tendait pas les bras tout à l'heure, insista Kévin. Et elle s'est rapprochée !

– On ferait mieux de partir, dit Emily.

Ils redescendirent l'allée et passèrent devant la statue qui disparut bientôt de leur vue derrière les mausolées et les pierres tombales. Brusquement, Emily laissa échapper un cri de surprise et s'arrêta.

Kévin poussa un gémissement. Elle était encore là devant eux, appuyée contre une tombe, la tête rentrée dans les épaules.

Sa bouche était ouverte, laissant apparaître une langue fourchue entre deux rangées de dents pointues, en pierre elles aussi. Le bout de ses doigts qui agrippaient la pierre tombale était muni d'horribles griffes crochues. Elle était juste au bord de l'allée.

– Je crois qu'il vaut mieux passer ailleurs, dit Emily d'une voix blanche. On n'a pas idée d'ériger un monument pareil !

Presque en courant, ils rejoignirent l'allée principale, laissant derrière eux l'horrible statue, et descendirent en hâte vers l'arche de pierre sous laquelle ils avaient garé leurs vélos.

– Oh non ! s'écria Kévin. Regarde !

Une silhouette recroquevillée était tapie sous le porche, comme un lion prêt à sauter sur sa proie. On ne la voyait pas bien, mais Kévin savait au fond de lui que c'était la statue qui les attendait.

– On ne va tout de même pas rester coincés ici toute notre vie ! chuchota Emily. Dis-moi, on ne l'a jamais vue bouger, non ?

– M… mais elle bouge, tu sais bien !

– J'ai une idée. Suis-moi !

Emily plongea dans la forêt de pierre du secteur imitant le bois, suivie de près par Kévin. Ils trouvèrent un espace dégagé où ils se mirent dos à dos pour scruter les alentours.

– Je la vois, dit Emily d'une voix blanche.

Glacé de terreur, Kévin se retourna, les genoux flageolants. Il vit lui aussi la statue, qui d'ailleurs n'était plus une femme mais une… une *chose* perchée sur une pierre tombale en forme de tronc d'arbre. Sa tête s'était allongée comme celle d'un serpent et ses bras était incroyablement longs. Son capuchon lui donnait l'allure d'un cobra et, à la place des jambes, une longue queue de serpent s'enroulait le long du tronc sur lequel elle était

juchée. Ses yeux, qui paraissaient maintenant vivants, les fixaient d'un regard haineux et avide.

– Écoute, dit Emily d'une voix tremblante, je voudrais que tu marches à reculons pour rejoindre l'allée principale. Ne me quitte pas des yeux jusqu'à ce que tu y sois. Et, quand je te le dirai, tu regarderas l'arche de l'entrée et tu me diras si elle est partie.

– M... mais elle est là, sur la pierre tombale ! balbutia Kévin.

– Il n'y en a peut-être *pas qu'une*...

Kévin recula pas à pas, complètement terrifié. Il lui semblait qu'une horrible main de pierre pouvait à tout instant se refermer sur son épaule. Tant bien que mal, il réussit à rejoindre l'allée principale.

– Ça y est ! cria-t-il d'une voix que la peur avait rendu stridente.

– Regarde la sortie.

Kévin dirigea son regard vers l'arche de pierre. Son cœur bondit dans sa poitrine.

– Elle n'est pas là !

– Ne quitte pas l'arche des yeux, lui ordonna Emily. Je vais te rejoindre.

Kévin l'entendit reculer à tâtons et, quelques instants plus tard, elle se heurta à lui.

– Je la vois toujours, dit Emily d'une voix sinistre, mais si je me tourne, je la perdrai de vue. Ne quitte pas le porche des yeux. Je crois qu'elle ne peut pas bouger tant qu'on la regarde. Moi, je vais continuer à la fixer, et tout devrait bien se passer.

Ils descendirent la côte dos à dos, si lentement que Kévin avait l'impression qu'ils n'avançaient pratiquement pas. Ses pieds glissaient doucement sur le sol humide. Il n'osait pas cligner des paupières et ses yeux larmoyants le brûlaient. Peu à peu, la sortie se rapprocha et ils finirent par se retrouver sous l'arche.

– Monte sur ton vélo ! cria Emily en sautant sur le sien.

Kévin l'enfourcha aussitôt et, en pédalant de toutes leurs forces, ils s'éloignèrent du cimetière. Ils entendirent derrière eux un horrible grognement de rage, comme celui d'un loup affamé voyant sa proie lui échapper. Ils traversèrent le parc à toute allure et franchirent le pont. De l'autre côté de la rivière, Emily freina et se retourna.

– Je crois que nous n'avons plus rien à craindre, maintenant. Je suppose qu'elle ne peut pas sortir du cimetière.

Kévin leva la tête. Il n'en était pas sûr, mais il lui semblait bien voir une ombre tapie sous l'arche de pierre.

– Qu'est-ce qu'elle fait là ? demanda-t-il en claquant des dents comme s'il avait très froid.

– Elle est censée nous empêcher d'entrer, j'imagine, dit Emily. Ou alors empêcher les morts de *sortir*, ajouta-t-elle en avalant sa salive.

– Qu'est-ce qu'on va faire ? s'écria Kévin d'une voix angoissée.

– On a besoin d'aide, lui répondit Emily, mais je ne sais pas à qui en demander. Je pourrais raconter tout ça à mes parents, mais tu les connais…

Kévin hocha la tête. George Pottinger était un homme très gentil, mais souvent bougon et généralement sceptique. Et Louise Pottinger était une femme charmante, mais toujours un peu distraite, et qui de toute manière ne croyait pas la moitié de ce que lui racontait Emily.

– Et ton grand-père ? demanda Kévin. Il nous croira peut-être, lui ?

Emily secoua la tête.

– Il est parti passer le week-end dans la ferme de mon oncle et, avec ce brouillard, il n'a sûrement pas pu revenir.

Elle se mordit les lèvres.

– Je me demande si le vieux Vanderhelm n'a pas aussi jeté un sort sur les adultes de la ville. J'ai comme l'impression qu'il les a envoûtés et les tient en son pouvoir. Je suis sûre que personne ne nous croira.

Kévin qui réfléchissait eut une idée.

– Je sais qui va nous écouter. Les membres de l'Association des magiciens du comté de Capharnaum !

– Tu as raison ! s'écria Emily. Pourquoi on n'y a pas pensé plus tôt ? Tu sais où les trouver ?

Kévin lui sourit.

– Mon oncle est le trésorier de l'association et il a dans son bureau un registre qui contient la liste de tous ses membres, qu'ils aient payé ou non leur cotisation. Leurs noms et leurs adresses sont répertoriés au début.

– Super ! Allez, on y va !

Leurs vélos eurent des ailes sur le chemin du retour. Ils s'arrêtèrent devant la vieille demeure du 100 rue Haute et montèrent les marches du perron. La porte d'entrée était fermée à clé, ce qui voulait dire que Mme Holtz était sortie faire des courses. Mais Kévin avait sa clé et ils se précipitèrent dans le bureau. Kévin sortit d'un tiroir un grand registre

relié de toile verte dont les coins étaient renforcés de triangles de cuir brun. Il le posa sur le bureau, l'ouvrit et parcourut rapidement la liste des noms en la suivant du doigt.

– La voilà ! s'écria-t-il. Mme Zenobia Weatherly. C'est la présidente de l'association et elle habite avenue du Parc.

– Téléphone-lui, dit Emily. C'est le numéro 707.

Kévin décrocha le combiné, mais l'opératrice lui dit que cette ligne avait été coupée. Il raccrocha d'un air découragé. Ils notèrent sur un bout de papier l'adresse de Mme Weatherly, ainsi que les noms et adresses du vice-président et du secrétaire de l'association. Puis ils ressortirent, grimpèrent sur leurs vélos et pédalèrent vers l'avenue du Parc.

Ils s'arrêtèrent net devant l'emplacement où Mme Weatherly était censée habiter. Au n° 796, il y avait une jolie maison recouverte de bardeaux verts. Le n° 800 était un petit pavillon blanc bien entretenu devant lequel un fox-terrier s'ébattait joyeusement avec deux petits garçons qui lui lançaient une balle. Mais entre les deux, là où aurait dû se trouver le n° 798, il n'y avait qu'un terrain vague envahi de mauvaises herbes. À en juger par la hauteur de la végétation desséchée et jaunie, aucune maison n'avait jamais été construite à cet endroit.

Kévin et Emily s'approchèrent de la clôture du jardin où les deux enfants, qui semblaient avoir huit ou neuf ans, jouaient avec le chien. C'étaient sûrement des jumeaux car ils avaient les mêmes cheveux blonds coupés en brosse et le même visage robuste.

– Ohé ! leur cria Emily d'un air aimable. Pourriez-vous nous dire où habite Mme Weatherly ?

– Quoi ? s'écria l'un d'eux.

Il vint vers eux et posa les mains sur la barrière en les regardant.

– Madame qui ? leur demanda-t-il.

– Madame Zenobia Weatherly, lui expliqua Emily. Elle est censée habiter à côté, au n° 798. Elle a déménagé, ou quoi ?

– Vous êtes folle ! dit le gosse. Y a personne à côté et y a jamais eu de maison ! C'n'est qu'un vieux bout d'terrain vide.

Il lâcha la barrière et ramassa la balle.

– Allez viens, Tommy, cria-t-il. On va aller jouer d'l'autre côté pour n'plus voir ces barjos !

Et il partit en courant derrière la maison.

Son frère, qui avait l'air plus gentil, s'attarda un moment. Il regardait Kévin et Emily en ouvrant de grands yeux bleus inquiets.

– Je m'souviens que quelqu'un vivait là, murmura-t-il. Une vieille dame avec des ch'veux gris. Dans une grande maison en brique avec une tour. Mais tout l'monde dit que j'l'ai seulement rêvé !

Puis il partit en courant rejoindre son frère.

Kévin et Emily se regardèrent, et elle lui demanda d'une voix grave :

– Quel est le suivant sur la liste ?

Ils se rendirent aux adresses où étaient censés habiter le vice-président et le secrétaire et aboutirent au même résultat. Au lieu d'habitations, ils trouvèrent des terrains incultes qui, d'après les voisins n'avaient jamais été construits. Seul un vieil homme eut l'air troublé et hésitant avant de les envoyer promener. Ils pédalèrent jusqu'à l'église St. George où Kévin allait à la messe et se reposèrent dans le jardin attenant, assis sur un banc de pierre près d'un érable.

– Le vieux Vanderhelm est drôlement malin, s'écria Emily. Il a pensé à tout et a fait disparaître tous les membres de l'Association des magiciens du comté de Capharnaum qui auraient pu nous aider.

– Fait disparaître ? balbutia Kévin. Tu ne veux quand même pas dire qu'il les a…

Emily remonta ses lunettes sur son nez et haussa les épaules.

– Non, je ne crois pas qu'il les a tués, si c'est ce qui t'inquiète. Mais il les a sans doute bouclés, exactement comme il a bouclé la ville. Ils sont probablement chez eux en ce moment, en train de se demander pourquoi il y a un tel brouillard dans leur jardin qui les empêche d'aller acheter leur plaquette de beurre.

– Je l'espère pour eux, dit Kévin.

Il ne pouvait s'empêcher de penser à d'autres éventualités. Peut-être qu'ils avaient été transformés en grenouilles ou en souris ? Peut-être que leurs maisons avaient été expédiées sur une autre planète, une planète bizarre comme on en voyait dans les films de Flash Gordon qui passaient parfois le samedi matin au Vox ? Peut-être se trouvaient-ils dans un monde horrible peuplé de statues de pierre vivantes ? Ou alors – Kévin sentit une boule se former dans sa gorge –, ou alors peut-être que le sort qu'on leur avait jeté les avait simplement *effacés* de la surface de la Terre, comme s'ils n'avaient jamais existé ?

– Bon, dit Emily en interrompant le cours de ces pensées lugubres, je ne vois plus qu'une chose à faire. Je vais tout raconter à ma mère. Tu viens avec moi ?

– B… bien sûr, bredouilla Kévin, tu peux compter sur moi.

Emily poussa un soupir.

– Merci. Ma mère est très gentille, mais elle ne croit jamais ce que je lui dis.

Et, au bout d'un moment, elle ajouta d'une petite voix :

– C'est parce que je lui raconte trop d'histoires.

Kévin s'aperçut qu'Emily était au bord des larmes, ce qui l'inquiéta encore plus que le reste.

Emily était quelqu'un de très courageux, comparée à lui qui, chaque fois qu'il se croyait en danger, se montrait hésitant, anxieux et s'attendait au pire avant même qu'il se passe quoi que ce soit. Il s'éclaircit la voix et lui dit :

– Ce n'est pas grave, Emily. Moi, j'aime bien tes histoires.

– Je me souviendrai que tu m'as dit ça quand je serai un écrivain célèbre, marmonna-t-elle. Bon, allons-y. Ça ne sert à rien d'attendre.

Et ils pédalèrent jusqu'à la rue du Château.

– Maman ! cria Emily en entrant. Hé, maman !

Il n'y eut pas de réponse. Les murs résonnaient comme ceux d'une maison vide où il n'y a personne. Ils allèrent à la cuisine. Là, sur le plan de travail à côté du réfrigérateur, sous un bocal à biscuits en forme de clown, il y avait une feuille de papier quadrillée. Emily la prit dans ses mains et la lut.

– Oh non ! gémit-elle. Mais qu'est-ce qu'on va faire maintenant ?

Elle la tendit à Kévin qui la parcourut à son tour :

Chère Emily,

Il se peut que je rentre assez tard. Pourrais-tu, s'il te plaît, faire réchauffer le dîner de ton père ? Le reste de rôti est dans le réfrigérateur, et tu peux ouvrir une boîte de conserve pour l'accompagner. Ce merveilleux M. Vanderhelm m'a téléphoné aujourd'hui. Quelqu'un lui a dit que je chantais à la chorale de l'église, et il m'a proposé un rôle dans l'opéra de son grand-père. J'ai accepté d'aller passer une audition et j'en ai sans doute pour un moment. Imagine que je chante sur scène ! Bien sûr, ma voix ne lui plaira peut-être pas quand il l'aura entendue, mais je suis ravie qu'il m'ait convoquée. Souhaite-moi bonne chance, ma chérie.

Ta maman qui t'aime.

Pris de panique, Kévin laissa tomber le papier.

– Il sait tout sur nous ! dit-il à Emily en luttant contre son envie de hurler. C'est pour ça qu'il a téléphoné à ta mère. Il savait que nous cherchions de l'aide et il s'est assuré que nous ne puissions rien faire pour l'empêcher d'agir !

Tous deux se regardèrent un long moment d'un air désespéré. Puis ils fondirent en larmes, terrorisés par la situation.

Chapitre 8

– Les voilà, dit Kévin.

Il venait de prendre une demi-douzaine de gros volumes sur l'étagère où Jonathan avait rangé sa collection de livres de magie. Kévin avait promis de ne jamais y toucher, mais c'était un cas de force majeure. Et, de toute manière, ceux qu'il voulait consulter ne traitaient pas vraiment de magie. Il s'agissait dc gros classeurs épais remplis de feuilles dactylographiées. Sur leur couverture toilée, sous un blason doré où trônait une lampe d'Aladin, on pouvait lire : *RAPPORTS D'ACTIVITÉ DE L'ASSOCIATION DES MAGICIENS DU COMTÉ DE CAPHARNAUM*. Et sous ce titre étaient indiquées des années, comme 1859-1880, 1881-1900, etc.

Kévin ouvrit le classeur daté 1918-1927. Son oncle lui avait déjà montré quelques pages de ces livres qui ne contenaient pour la plupart que de simples comptes-rendus de réunions. Il avait ainsi pu voir le rapport d'admission de Jonathan Barnavelt, dont la candidature avait été acceptée en 1932 après qu'il eut réalisé avec succès une éclipse de lune. Jonathan lui avait aussi fait lire un passage relatant le retour d'Europe de Mme Zimmermann accompagnée de son mari Honus. Mais c'était autre chose que cherchaient à présent Kévin et Emily : des informations qui puissent les éclairer sur l'ennemi qu'il leur fallait combattre.

Leur crise de larmes n'avait pas duré longtemps. Debout dans sa cuisine, Emily s'était mise en colère.

– Il n'est pas question que je laisse gagner le vieux Vanderhelm, se jura-t-elle. On va pas se laisser impressionner par sa musique, ses statues et tout son bataclan magique ! On va se battre et, pour commencer, on va bien réfléchir à ce qu'on peut faire.

Ils étaient maintenant dans le bureau de Jonathan, à côté l'un de l'autre, et regardaient les pages jaunies des rapports de l'Association des magiciens.

– C'est drôlement dur à lire ! se plaignit Emily. Ce sont de vieux doubles tapés avec du papier carbone, et ils sont presque illisibles !

Kévin alluma la lampe de bureau. Les vieux caractères étaient devenus si pâles avec le temps qu'on avait l'impression de les lire à travers une vitre embuée.

– On va juste voir si le nom de Vanderhelm est mentionné, proposa-t-il.

Et il se mit à lentement tourner les pages à mesure que tous deux les parcouraient.

Ils ne trouvèrent tout d'abord que les comptes-rendus habituels sur les élections, les œuvres de bienfaisance, etc. Mais, sur la page du mois de mai 1919, le nom de Vanderhelm leur sauta aux yeux. Ils se penchèrent en même temps, et leurs têtes se cognèrent si fort que Kévin en vit trente-six chandelles.

– Aïe ! glapit-il. Fais un peu attention, Emily ! Écoute, c'est le livre de mon oncle après tout. Tu n'as qu'à t'asseoir et je vais te le lire.

Elle se renfrogna et s'installa dans le gros fauteuil vert en se frottant le front. Kévin s'assit au bureau et parcourut en silence plusieurs pages, sans prêter la moindre attention à son impatience.

– Allez ! Dis-moi, qu'est-ce qu'il y a écrit ?

Au bout d'un moment, il poussa un énorme soupir et leva les yeux d'un air affolé.

– C'est affreux, dit-il d'une voix blanche.

– Qu'est-ce qui est affreux ? lui demanda Emily. Je vous préviens, Kévin Barnavelt, si vous ne me le dites pas immédiatement, je ne serai plus jamais votre amie !

– D'accord, d'accord, dit Kévin. Eh bien, Immanuel Vanderhelm est venu à New Zebedee au cours de l'hiver 1918, mais personne n'a fait attention à lui. Il avait l'air tranquille et surtout, comme ton grand-père nous l'a raconté, toute la ville était touchée par une grave épidémie de grippe, et je suppose que la plupart des gens étaient trop inquiets pour s'en soucier. Mais en avril ou mai 1919, il a annoncé qu'il avait écrit cet opéra et voulait le faire jouer. Alors les habitants de la ville ont commencé à passer des auditions, exactement comme en ce moment. Et, un jour, le directeur du théâtre, M. Finster, est allé voir M. Mickleberry. Cette partie a été écrite par M. Mickleberry lui-même, et je vais te la lire.

Kévin revint quelques pages en arrière et commença sa lecture.

M. Finster savait que les tours de magie que je faisais sur scène n'étaient pas de la simple prestidigitation, et il

est venu me demander conseil. Il avait le « sentiment » qu'Immanuel Vanderhelm n'était pas l'homme qu'il prétendait être et il m'a demandé de le rencontrer pour lui donner mon avis.

Nous nous sommes fixé rendez-vous au restaurant Schuyler, et je n'oublierai jamais le choc que j'ai ressenti en voyant arriver ce sinistre individu. J'ai essayé de le tester avec la divination de saint Aloysius, mais il l'a aussitôt contrée avec une formule de dissimulation, et je n'ai rien pu en tirer. La seule certitude que j'ai acquise, c'est que Vanderhelm était un sorcier puissant et maléfique.

J'ai ensuite découvert, par des pratiques qu'il serait trop fastidieux de décrire, que Vanderhelm avait rassemblé les ingrédients nécessaires pour créer un simulacre de vie, et j'ai pressenti le pire quand M. Finster m'a montré quelques pages de son opéra. Il s'agissait clairement d'incantations magiques d'une facture si complexe qu'il fallait de nombreuses voix pour les prononcer. J'ai alors compris que son spectacle était une mystification. Vanderhelm avait retrouvé un horrible envoûtement de nécromancie, celui que John Dee mentionne comme l'« Incantation de Délivrance des Morts ». Il voulait se servir des habitants de New Zebedee pour chanter ces formules diaboliques qui devaient faire de lui le Roi des

Morts. Peu après, j'ai appris que M. Finster avait disparu – et je n'ose pas imaginer ce qui lui est arrivé.

Kévin leva les yeux. Emily avait les sourcils froncés.

– Le Roi des Morts, répéta-t-elle lentement. Ce n'est pas ce que t'a dit le fantôme ?

Kévin fit oui de la tête.

– Je ne vais pas tout te lire. Disons, pour résumer, que les magiciens se sont rassemblés pour encercler le théâtre à un moment où Immanuel Vanderhelm s'y trouvait tout seul. M. Mickleberry est entré et ils se sont affrontés dans une sorte de duel. Le récit ne donne pas de détails mais, en fin de compte, tout le monde a pensé que Vanderhelm était mort. Par mesure de précaution, l'association a persuadé la ville de fermer le théâtre. Et certains faits restent malgré tout inexpliqués. Personne, par exemple, n'a jamais retrouvé M. Finster ni découvert ce qui lui était arrivé.

– Est-ce qu'ils donnent la formule qu'ont utilisée les bons magiciens ?

– Non, répondit Kévin, et de toute manière, elle ne nous servirait à rien. Nous ne sommes pas magiciens, et ceux qui le sont ont tous été neutralisés par Henry Vanderhelm.

Derrière ses lunettes, les yeux pleins de larmes d'Emily lançaient des éclairs.

– Tu penses que ce pourri de Vanderhelm nous a battus à plate couture, non ? Eh bien, moi, je ne suis pas de cet avis ! Je ne sais pas comment je vais faire, mais je vais sauver ma mère et l'arracher à ses griffes, et je vais aussi l'empêcher de jouer cet épouvantable opéra et le ch... chasser de la ville...

Elle s'interrompit et éclata en sanglots. Kévin sentit monter en lui un horrible sentiment de terreur et d'impuissance.

– On peut sûrement faire quelque chose, murmura-t-il. Il doit y avoir une solution.

Emily se moucha.

– Quelle heure est-il ? marmonna-t-elle.

– Trois heures cinq, dit Kévin en regardant sa montre.

– Il faut que je rentre chez moi, dit Emily. Maman m'a demandé de préparer le dîner de papa, et il arrive à quatre heures. Tu veux bien me raccompagner en vélo ?

Le voyant hésiter, elle le supplia presque :

– Après ce qui s'est passé au cimetière, j'ai trop peur. Ne me laisse pas rentrer toute seule, je t'en prie !

– Bon, d'accord, dit Kévin, de plus en plus démoralisé.

Si Emily avait peur, qu'est-ce qu'il allait pouvoir faire, lui ? C'était elle, la courageuse, alors que lui n'était qu'une poule mouillée. Il prit son vélo et pédala à côté d'Emily jusqu'à la rue du Château.

À son retour, Mme Holtz n'était toujours pas là, ce qui était inhabituel. Les courses ne lui prenaient généralement pas plus d'une heure. Kévin essaya à nouveau d'allumer la radio mais, comme il s'y attendait, il ne put capter que WNZB.

Il s'assit dans le fauteuil vert pour réfléchir et s'efforça de trouver une solution. Il faisait chaud dans le bureau et, complètement épuisé, il s'endormit sur-le-champ. Il se réveilla en sursaut quelques heures plus tard et vit que la nuit était tombée. Inquiet et frissonnant, il sortit du bureau et chercha Mme Holtz. Elle n'était pas rentrée. Normalement, à cette heure-là, elle aurait dû être à la cuisine en train de préparer le dîner.

Kévin téléphona à Emily pour lui raconter qu'il était tout seul.

– Papa est là, dit-elle, mais maman n'est toujours pas revenue de cette stupide audition. Tu veux venir chez nous ?

– D'accord ! dit Kévin.

Tout valait mieux que rester seul dans la grande et vieille maison à sursauter au moindre craquement du bois et au moindre souffle d'air. Il mit son manteau et referma la porte. Alors qu'il poussait son vélo pour sortir dans la rue, il entendit un rire de femme et plissa les yeux pour mieux voir dans l'obscurité.

Il y avait un réverbère sur le trottoir entre sa porte et celle de Mme Zimmermann, et le suivant était un peu plus loin. Chacun d'eux formait un îlot de lumière jaune dans la nuit noire. Deux personnes passèrent dans le cône lumineux et, avec un sursaut de surprise, Kévin les reconnut. L'une était Mme Holtz et l'autre Henry Vanderhelm.

– Tiens, tiens ! dit Vanderhelm tandis que tous deux s'approchaient de lui. Tu pars pour une petite expédition nocturne, mon garçon ?

– Kévin ! s'écria Mme Holtz. Tu n'y penses pas ? Rentre immédiatement à la maison avec moi. Tu vas attraper la mort si tu sors dans cette nuit glaciale, et qu'est-ce que je dirai à ton oncle, hein ?

Henry Vanderhelm eut un petit rire.

– Oh, je ne me fais pas de souci pour oncle Jonathan, lança-t-il.

Kévin comprit que Vanderhelm s'adressait à lui, même s'il faisait semblant de répondre à Mme Holtz.

– Non, je ne pense pas qu'il faille se faire le moindre souci pour oncle Jonathan, poursuivit-il, mais vous avez raison, Hannah. Il vaut mieux que Kévin reste à la maison. La nuit paraît claire, mais ce froid pourrait bien nous amener un brouillard qui gèlerait sur place ce pauvre garçon et le transformerait en statue !

– Bonté divine ! s'écria Mme Holtz. Je ne m'étais pas rendu compte que la répétition avait duré aussi longtemps. Au revoir, monsieur Vanderhelm, et merci de m'avoir acceptée dans le chœur. Je sais que c'est un tout petit rôle, mais...

– Allons, allons ! l'interrompit Vanderhelm. Dans une œuvre comme celle de mon célèbre aïeul, il n'y a pas de petit rôle, vous le savez bien. Bonsoir, Hannah.

Il s'inclina et ajouta en s'adressant à Kévin :

– Bonne nuit, jeune homme. Dormez bien et n'oubliez pas l'immense service que vous nous avez rendu, à moi et à mon art. Tout est de votre faute, dans un sens, puisque cet opéra va se jouer grâce à vous !

– Quelle drôle de façon de le dire, s'étonna Mme Holtz.

Le cœur de Kévin battait à tout rompre. « Il n'a pas tort », pensa-t-il.

Quelque chose d'affreux allait se passer à New Zebedee à cause de l'opéra qu'il avait trouvé.

Vanderhelm avait raison.

Tout était de sa faute.

Chapitre 9

Les jours qui suivirent furent étranges et inquiétants. Le sinistre brouillard qui coupait New Zebedee du reste du monde ne se leva pas. Les magasins d'alimentation commencèrent à manquer de certains produits, comme le lait et le pain frais. Aucun courrier, journaux ou magazines ne parvenaient de l'extérieur. L'écran des appareils de télévision restait vide, et les postes de radio ne captaient que la station de New Zebedee.

Mais le plus effrayant, trouvait Kévin, c'était qu'aucun adulte ne semblait le remarquer ni s'en soucier. Chaque famille ou presque avait un de ses membres qui participait à l'opéra, et l'attention de tous était distraite – comme envoûtée – par les répétitions. La représentation devait durer environ une heure et demie, dit Mme Pottinger à Emily, mais avant la première, les chanteurs ne répétaient que des parties ne dépassant pas une demi-heure. New Zebedee retenait son souffle, et même ceux qui ne participaient pas au spectacle en attendaient beaucoup pour l'avenir de la ville.

C'était le cas du père d'Emily. Il avait d'abord ronchonné en disant que les affaires ne marchaient plus depuis que les répétitions avaient commencé. Mais il avait fini par se rallier à l'avis général :

– Bon, je suppose que ça nous fera du bien d'avoir un peu de vie à New Zebedee !

Emily n'avait pas eu le courage de discuter avec lui.

Kévin et elle se voyaient souvent puisqu'ils n'avaient pas cours. De nombreux professeurs chantaient dans l'opéra, et Vanderhelm insistait pour que tout le monde répète tous les jours pendant des heures, du matin au soir. La plupart des enfants profitaient joyeusement de ces vacances inespérées, alors que Kévin et Emily broyaient du noir en cherchant comment contrer les projets de Vanderhelm.

– On devrait pouvoir trouver quelque chose, tout de même ! grogna Emily un après-midi où elle était avec Kévin dans le bureau de Jonathan. Si je me souviens bien, ce n'est pas la première fois que tu dois combattre un mauvais sort, non ?

Kévin frissonna au souvenir des événements qu'évoquait Emily. Des années plus tôt, quand il était venu vivre chez son oncle, la maison avait un dispositif très dangereux dissimulé dans ses murs, une sorte de pendule magique qui devait déclencher la fin du monde. Isaac Izard, un horrible sorcier, l'avait cachée au sous-sol avant de mourir, et le fantôme de sa femme avait presque réussi à l'actionner. Kévin avait raconté cet épisode à Emily en lui expliquant comment Jonathan, Mme Zimmermann et lui avaient évité de justesse l'irréparable catastrophe [1].

Les choses avaient changé depuis cette époque. Il avait quelques années de plus et se montrait désormais beaucoup plus prudent dès qu'il avait affaire à des forces qui le dépassaient. La maison elle-même avait changé. Oncle Jonathan avait arraché le vieux papier peint qui portait en filigrane les initiales d'Isaac Izard, et il l'avait remplacé par un autre nettement plus gai. Il avait même exorcisé

1. Voir le tome 1 : *La Pendule d'Halloween*.

la vieille demeure de toutes ces mauvaises influences. Et voilà que, soudain, Henry Vanderhelm semblait représenter une menace au moins aussi grave que celle du couple Izard. Le plus dur, c'était que, cette fois, Emily et lui étaient seuls et ne pouvaient demander de l'aide aux bons magiciens. Kévin le rappela à Emily qui poussa un soupir.

– Il en a peut-être oublié un ? suggéra-t-elle.

Kévin la regarda d'un air renfrogné.

– Nous avons essayé tous leurs numéros de téléphone, lui rappela-t-il. Aucun d'eux ne marche. Et, à leurs adresses, nous n'avons trouvé que des terrains vagues, tu te souviens ?

– Je sais, je sais, dit Emily.

Elle remonta ses lunettes cerclées de noir sur son nez et fronça les sourcils.

– Je suis sûre que le vieux Vanderhelm a négligé quelque chose. Il ne peut pas être partout à la fois ! Et si la couche de brouillard n'était pas très haute ? Je me demande si on ne pourrait pas sortir de New Zebedee par la voie des airs.

– Mais oui, c'est ça ! lui répondit Kévin d'une voix moqueuse. Je vais mettre ma cape, battre des bras et m'envoler d'un simple bond, comme Superman.

Emily lui lança un regard noir.

– Je ne veux pas dire que, toi, *personnellement*, tu pourrais voler, dit-elle. Mais on pourrait peut-être partir en ballon, non ? Ou alors envoyer un message par un pigeon voyageur ?

– Et où est-ce qu'on va trouver tout ça, à ton avis ? lui demanda Kévin. On peut fabriquer un cerf-volant ou un truc de ce genre, d'accord, mais je ne connais aucun magasin en ville qui vende des montgolfières ou des pigeons voyageurs. À moins que tu veuilles attraper un des pigeons qui sont perchés sur le monument de la guerre de Sécession ?

– Bien sûr que non, dit Emily. Il ne saurait pas où aller et y retournerait de suite. Les pigeons voyageurs doivent être dressés, tu le sais bien. Euh... On pourrait construire un cerf-volant, c'est vrai, mais pour quoi faire ? Même si on réussissait à le faire passer au-dessus du brouillard, il finirait par se prendre dans un arbre ou par tomber dans un endroit où personne ne le verrait. Si seulement il restait un magicien en ville...

– Qu'est-ce que tu racontes ? bougonna Kévin. Tu sais bien que Vanderhelm les a tous bouclés.

Soudain, Emily se redressa dans son fauteuil

– Attends un peu ! Et cette Mildred Machintruc ?

– Qui ça ? Je ne vois pas de qui tu veux parler.

– Oui, Mildred Truc-Chose, insista Emily. Mme Zimmermann nous en a parlé, tu ne te rappelles pas ? Celle qui n'arrivait jamais à bien jeter ses sorts… Comment s'appelait-elle déjà ?

Kévin, qui était assis au bureau d'oncle Jonathan, la tête dans les mains, se redressa brusquement lui aussi.

– Ah oui ! dit-il. Elle avait un drôle de nom. Pas Johnson, ni Jackson, mais ça commençait par un J. Euh… Jaeger, c'est ça, Jaeger ! Mildred Jaeger !

Emily se leva d'un bond et saisit le registre contenant les adresses des membres de l'association. Elle parcourut rapidement la liste.

– Elle n'y est pas ! s'écria-t-elle. Elle ne fait pas partie de l'Association des magiciens.

Kévin prit l'annuaire téléphonique de New Zebedee et chercha la page des J.

– La voilà, dit-il. Mildred Sherman Jaeger. Elle habite rue du Maréchal.

Il décrocha le téléphone et demanda à l'opératrice le numéro de Mildred Jaeger. Puis il retint son souffle. La sonnerie retentit une fois… deux fois… trois fois…

– Allô ! dit aimablement la voix d'une personne d'un certain âge.

– Euh… Allô, madame Jaeger ?

– Oui, qui est à l'appareil ?

Kévin mit sa main sur le récepteur et regarda Emily.

– Qu'est-ce que je lui dis ? chuchota-t-il.

– Dis-lui qui tu es, lui répondit aussitôt Emily, et demande-lui si nous pouvons aller la voir.

Kévin avala sa salive.

– Euh... Madame Jaeger, vous ne me connaissez pas, mais je m'appelle Kévin Barnavelt. Je suis le neveu de Jonathan Barnavelt.

– Ah, très bien ! Ce cher Jonathan, un homme si gentil... Comment va-t-il ?

– Il n'est pas à New Zebedee en ce moment, répondit Kévin. Vous vous souvenez de Lucius Mickleberry ?

– Oui, bien sûr ! Je l'ai très bien connu quand il vivait à New Zebedee.

Kévin lui résuma rapidement la mission dont avait été chargé son oncle. Puis il ajouta :

– Vous n'avez pas remarqué que la ville avait quelque chose d'étrange ces derniers temps, madame Jaeger ?

– Elle est peut-être un peu endormie, non ?

– Écoutez, nous sommes sûrs que quelque chose de terrible va se produire, et nous voudrions en parler à quelqu'un qui connaît...

Il baissa la voix et ajouta en chuchotant :

– … la magie.

Il y eut un silence si long que Kévin eut peur qu'elle n'ait raccroché. Mais elle finit par lui dire :

– Dieu sait que j'aimerais pouvoir vous aider, Kévin, mais vous feriez sans doute mieux de contacter d'autres personnes. Il y a une association de magiciens en ville, vous savez.

– On ne peut pas leur parler, affirma Kévin, et il lui expliqua brièvement pourquoi.

Après un autre long silence, Mme Jaeger accepta :

– Venez me voir, alors. Je ne sais pas si je vous serai très utile, mais je ferai tout pour vous aider. Vous savez où j'habite ?

Elle leur indiqua le chemin et Kévin la remercia.

Emily et lui enfourchèrent leurs vélos et pédalèrent vers la rue du Maréchal. Le temps était brumeux et, sous le soleil voilé, tout paraissait froid, immobile et sans vie.

Mme Jaeger habitait une petite maison sans étage dans un quartier de modestes pavillons. Kévin et Emily sonnèrent à la porte d'entrée et s'essuyèrent nerveusement les pieds sur le paillasson. Au bout d'un moment, la porte s'ouvrit sur une petite femme rondelette aux cheveux gris noués en chignon. Elle portait une robe bleue et un tablier blanc bordé de dentelle, et ses yeux bleus semblaient énormes derrière les verres de ses lunettes à monture dorée.

– Entrez, entrez ! s'écria-t-elle en s'effaçant pour les laisser passer. J'étais en train de préparer le déjeuner. Vous aimez le potage au poulet ? Il est fait maison, vous savez, et j'ai du pain frais qui sort du four !

Kévin avait une faim de loup, et Emily aussi. Mme Jaeger refusa d'écouter un seul mot de leur histoire avant de leur avoir servi à chacun un grand bol de délicieux potage bien chaud, des tartines grillées de son pain maison et une tasse de chocolat fumant. Ce repas revigora Kévin qui eut l'impression de retrouver son état normal. Mme Holtz, qui ne cuisinait pratiquement plus, se contentait de lui réchauffer des conserves, et Kévin regrettait les bons repas qu'elle lui préparait habituellement.

– Parfait, dit Mme Jaeger. Racontez-moi ce qui vous inquiète, maintenant.

Kévin lui parla de Vanderhelm et son opéra, Emily ajoutant de temps à autre une précision quand il oubliait un détail important. Déjà agrandis par les verres de ses lunettes, les yeux de Mme Jaeger s'écarquillèrent encore plus et prirent une expression terriblement soucieuse. Puis elle secoua la tête d'un air catastrophé.

– Ça, par exemple ! C'est beaucoup plus grave que je ne le pensais. J'aurais dû m'en apercevoir, mais je n'écoute jamais la radio et je ne lis pas les journaux ! En fait, je ne me sentais pas très bien ces temps-ci, mais j'ai mis ce malaise sur le compte de l'âge et de l'arthrite.

– Vous pouvez nous aider ? lui demanda Emily.

Mme Jaeger se mordit les lèvres.

– Je ne sais pas, mon enfant. Je me souviens évidemment très bien du vieux Vanderhelm. Je n'étais qu'une jeune femme à l'époque et je voulais faire partie de l'Association des magiciens. Malheureusement, je n'étais pas aussi douée qu'eux, et j'ai ensuite compris que j'étais nettement plus habile pour les confitures, la cuisine et la couture. Et comme je suis convaincue qu'on doit se concentrer sur ce qu'on sait le mieux faire, j'ai laissé tomber la magie.

– Parlez-nous donc du vieux Vanderhelm, lui demanda Kévin. Nous ne savons pas ce qu'il mijotait ni comment l'Association des magiciens l'a contré.

– Eh bien, je n'en sais pas beaucoup plus que vous, mon petit.

Mme Jaeger buvait son chocolat à petites gorgées.

– Ce dont je me souviens, c'est que l'incantation de ce Vanderhelm était terriblement ardue et

complexe. Elle était si puissante qu'une personne ne pouvait pas la réciter toute seule. C'est pour ça qu'il a écrit l'opéra. En chantant les paroles de leur partition, l'ensemble des acteurs la prononçait intégralement. Il fallait toutes ces voix pour que ça marche.

– Et quel était son but ? lui demanda Emily.

Mme Jaeger poussa un soupir.

– Je ne veux pas vous effrayer, mes enfants.

– Ne vous inquiétez pas pour ça, la rassura Kévin. De toute manière, nous sommes déjà complètement terrifiés !

– Eh bien..., commença-t-elle d'un air inquiet.

Il y eut un petit silence, et elle finit par ajouter :

– D'après ce que j'ai compris, ce sort devait réveiller tous les sorciers morts dans le passé. Leurs esprits auraient répondu à cet appel, et Vanderhelm les aurait dotés de corps vivants. Il en aurait fait ses esclaves et serait devenu le Roi des Morts, un roi ayant sous ses ordres une armée de magiciens incroyablement puissants. Ce pouvoir lui aurait permis de dominer le monde et de devenir une sorte de dictateur de l'humanité.

Kévin frémit en se rappelant la voix hypocrite et l'attitude mielleuse d'Henry Vanderhelm. Il ne ferait pas bon vivre dans un monde dominé par ce genre d'individu.

– C'est tout ? demanda Emily.

– Malheureusement non, répondit Mme Jaeger. Avec le pouvoir que lui aurait donné l'incantation, Vanderhelm aurait également pu réveiller les morts ordinaires, ceux qui n'avaient pas été sorciers. Leurs corps seraient sortis de leurs tombes et ils auraient tous obéi à ses ordres comme une immense armée – les morts étant beaucoup plus nombreux que les vivants. Et si des opposants avaient osé le contrer, il aurait suffit que Vanderhelm les fasse tuer pour qu'ils se mettent aussitôt à son service.

– C'est affreux, s'exclama Emily d'une voix tremblante. Est-ce qu'on ne peut pas faire quelque chose ?

– En fait, il n'a pas les mains complètement libres, car il doit tenir compte de certaines restrictions. Par exemple, le sortilège ne marche plus s'il y a du sang versé, et il ne peut donc tuer ceux qui veulent le combattre. Bien sûr, si l'incantation avait fait son œuvre, il aurait pu tuer n'importe qui sans problème ! Heureusement, la magie noire peut toujours être neutralisée par de bons sorciers, et l'Association des magiciens a pu intervenir à temps. Ils ont mis au point une incantation protectrice qui a empêché Henry Vanderhelm d'envoûter tous les habitants de la ville. Puis Lucius Mickleberry l'a affronté en duel et l'a vaincu. Un sorcier maléfique n'a généralement pas beaucoup d'amis pour l'aider en cas de problème, et c'est l'union qui fait la force !

– Ça a marché en 1919, d'accord, mais *nous*, qu'est-ce que nous pouvons faire ? lui demanda Kévin. Henry Vanderhelm a visiblement jeté un sort à tous les magiciens de New Zebedee – sauf vous – et nous ne pouvons pas agir tous ensemble puisqu'ils ne sont pas là. Vous pouvez tenter quelque chose pour le contrer ?

Mme Jaeger poussa un profond soupir.

– Je n'avais aucun talent pour la magie, dit-elle d'une petite voix. J'ai essayé, essayé, mais tous les sorts que je jetais ne marchaient pas ou se retournaient contre moi. Je suis sûre que votre oncle, ou peut-être Florence Zimmermann, pourraient terrasser ce nouveau Vanderhelm, mais moi, je manque d'entraînement et je ne suis pas douée.

– Alors il n'y a aucun espoir ? demanda Emily.

– Bien sûr que si ! répliqua Mme Jaeger d'une voix énergique. Ne dis pas de bêtises ! Il y a toujours de l'espoir ! Il faut simplement bien réfléchir à la situation, et nous trouverons sûrement une solution. Malheureusement, ajouta-t-elle tristement, je n'ai pas la moindre idée de ce que ça pourrait être.

Chapitre 10

Ils restèrent plusieurs heures chez Mme Jaeger. Elle avait demandé à Kévin de grimper sur une échelle branlante pour aller chercher au grenier une petite valise qu'il ramena dans la salle de séjour. Kévin et Emily s'assirent côte à côte sur le canapé – un canapé moelleux brodé de fleurs roses et de feuilles vertes –, et Mme Jaeger s'agenouilla devant la table basse pour ramasser les pièces d'un puzzle à moitié reconstitué et les remettre dans leur boîte. Le couvercle montrait qu'il s'agissait d'une scène champêtre aux couleurs vives, représentant des pique-niqueurs dans une prairie parsemée de marguerites, de bleuets et de coquelicots, avec à l'arrière-plan une grange et un silo peints en rouge, ainsi qu'un troupeau de vaches blanc et noir.

– Cela fait plus de vingt ans que je n'ai pas sorti tout ça, s'excusa Mme Jaeger en ouvrant la valise. J'espère que ce n'est pas trop mité !

Une forte odeur de naphtaline se répandit dans la pièce. Kévin et Emily se penchèrent en avant et virent Mme Jaeger en retirer une longue cuillère en bois, un très vieux livre dont la reliure de cuir noir était tout usée, une toge de satin blanc, et des petits bocaux enveloppés de papier journal.

– Voici ma baguette ! s'écria Mme Jaeger en agitant la cuillère en bois.

Kévin et Emily se regardèrent. Mme Jaeger poussa un soupir et ajouta :

– Je sais bien que les magiciens sont censés avoir des baguettes en noisetier ou en ébène, ou même des sceptres en argent, mais ce genre de choses ne m'a jamais attirée. J'ai toujours aimé faire la cuisine et, quand il a fallu que j'ensorcelle une baguette, j'ai choisi cet objet qui me semblait parfaitement convenir.

– Pourquoi pas ? dit Emily. Après tout, celle de Mme Zimmermann est un simple parapluie noir.

– Mais c'est vrai ! se souvint Mme Jaeger avec un grand sourire. Et ton oncle avait choisi une simple canne, si je me souviens bien, Kévin. Eh bien, moi, j'ai choisi cette cuillère, et elle a toujours bien marché. Enfin… plus ou moins !

Elle se donna une tape sur le menton avec la cuillère.

– Bon, voyons voir... Qu'est-ce que je pourrais bien essayer de faire ? J'ai peur de ne pas avoir assez de pouvoir pour affronter ce nouveau Vanderhelm, vous savez !

– Vous ne pourriez pas entrer en contact avec un autre magicien ? demanda Kévin. Un qui serait... euh...

– Meilleur que moi ? enchaîna Mme Jaeger en souriant. Ne t'inquiète pas, mon petit Kévin, je ne suis pas vexée. Oui, c'est une bonne idée. On va voir s'il ne serait pas possible de parler à ton oncle.

Elle demanda à Kévin d'aller chercher un verre d'eau à la cuisine.

– Pose-le sur la table basse, lui dit-elle. Il va nous servir de boule de cristal. Avec un peu de chance, nous pourrons peut-être y voir le visage de ton oncle, et même capter son attention.

Mme Jaeger se tortilla pour enfiler la toge de satin blanc qui lui était devenue un peu étroite, et elle se mit à agiter sa cuillère au-dessus du verre. Elle psalmodia quelque chose en chaldéen, puis en copte, et finalement en ancien haut allemand. Enfin, elle brandit sa cuillère avec autorité et dit en anglais :

– Un, deux, trois, où qu'il soit, que Jonathan me voie, et parle avec moi !

Un poisson rouge surgit dans le verre, l'air un peu étonné. Puis il parut s'adapter à la situation et se mit à nager en rond.

– Oh ! mon Dieu, s'écria Mme Jaeger, on dirait que je n'ai toujours pas le tour de main.

Kévin, qui avait retenu son souffle, poussa un

grand soupir. Un instant, il avait eu peur que ce poisson ne soit son oncle Jonathan, mais il voyait bien à présent que ce n'était qu'un vulgaire poisson rouge n'ayant rien de magique.

– Il va bientôt faire nuit, dit Emily.

Mme Jaeger secoua la tête.

– Bon ! Vous feriez mieux de rentrer chez vous, mes enfants. Je vais repenser à tout ça et essayer de comprendre pourquoi ça n'a pas marché. Peut-être que j'ai oublié des mots ou que je les ai mal prononcés ! Je vous appellerai demain si j'ai trouvé quelque chose. Vous avez un poisson rouge ?

– Non, répondirent en chœur Kévin et Emily.

– Hum... Je suppose qu'il va falloir que je lui trouve un bocal. Et aussi un nom qui lui convienne. Mon Dieu, que de choses à réfléchir !

– Euh... madame Jaeger ? lança Kévin sur un ton hésitant. Je me demande si vous n'êtes pas en danger. Henry Vanderhelm a neutralisé tous les autres magiciens de New Zebedee. Est-ce qu'il ne va pas s'en prendre à vous maintenant ?

– Tu es gentil d'y penser, Kévin, mais non, je ne crois pas, lui répondit-elle. Ma magie n'est pas très efficace et il ne s'apercevra probablement de rien. De toute manière, le sort qu'il a utilisé pour les autres ne peut se jeter que collectivement. Il a sûrement déniché une liste des membres de l'Association des magiciens du comté de Capharnaum et les a tous mis à l'écart en même temps. Je suppose que ton oncle et Florence Zimmermann étaient hors de sa portée en Floride. Et s'il essayait d'ajouter mon nom à la liste, il s'apercevrait de suite que ça ne marche pas. Il est pratiquement impossible de modifier un sort qui a commencé à faire effet. Je crois donc que je ne risque rien. Et puis je ne représente pas une très grosse menace pour lui, non ?

Kévin convint qu'elle avait raison. Emily et lui prirent congé et pédalèrent vers la rue du Château dans la nuit tombante. Kévin attendit qu'Emily soit entrée, puis il se dépêcha de retourner chez lui, inquiet de ne pas avoir de lumière sur sa bicyclette. Les nuages avaient envahi le ciel au coucher du soleil, et il faisait de plus en plus sombre. Il haletait en grimpant la côte quand il entendit quelque chose derrière lui.

Il regarda avec appréhension par-dessus son épaule et vit au loin une lumière, faible et indistincte. Il fit une embardée vers le trottoir, pensant qu'une voiture se rapprochait et voulait le doubler. Brusquement, un long hurlement lugubre retentit derrière lui, et la roue avant de son vélo heurta le trottoir.

Bang ! La bicyclette tomba par terre et Kévin se sentit propulsé en l'air. Il tournoya sur lui-même et eut à peine le temps d'avoir peur avant de retomber sur le trottoir. Son dos heurta le sol avec un bruit sourd. Allongé sur la froide et dure surface cimentée, il essaya de respirer, mais ses poumons ne voulaient plus fonctionner. Il sentit la panique le gagner. Finalement, au bout d'un moment qui lui parut une éternité, il réussit à inspirer un peu d'air, et ses poumons se gonflèrent dans sa poitrine brûlante. La tête lui tournait et il avait mal au cœur, mais il essaya de se relever en roulant sur le ventre et en prenant appui sur ses mains et ses genoux.

La lumière était plus près maintenant, mais ce n'était pas une voiture. Kévin plissa les yeux pour mieux voir. Une lueur blanche, faible et vacillante, gagnait peu à peu toute la rue et se rapprochait silencieusement en dansant de haut en bas.

Qu'est-ce que cela pouvait bien être ? Il n'avait pas envie de rester là pour le savoir. Il se précipita vers son vélo, le releva, se mit en selle et démarra aussitôt.

Il avait beau appuyer de toutes ses forces sur les pédales, les roues tournaient très lentement. Il avançait en zigzag parce que la côte était raide, mais il ne tomba pas.

Et, brusquement, la lumière le rattrapa. Une vague d'air froid et visqueux le submergea et il se mit à claquer des dents. Il plissa les yeux et vit qu'il se trouvait au milieu d'une file de silhouettes humaines squelettiques aux yeux creux. Elles tendaient vers lui leurs longs doigts maigres, et leurs mâchoires émaciées s'ouvraient tout grand en lui souriant d'un air engageant. Leurs longues jambes décharnées semblaient à la traîne, et leurs pieds ne touchaient pas le sol. Il était environné de fantômes !

– Prends garde, lui souffla l'un d'eux en approchant son visage du sien.

Les dents claquèrent tout contre lui et Kévin grimaça de dégoût. Il tourna le guidon et fit demi-tour pour redescendre la côte à toute allure. Des doigts glacés lui caressaient les joues et tiraient sur son manteau alors que le vélo prenait de la vitesse. Un des fantômes secoua son bras droit en essayant de le faire tomber, mais ses secousses, pas plus fortes que de petites rafales de vent, ne pouvaient le déséquilibrer.

– Allez-vous-en ! cria Kévin.

Les spectres étaient maintenant presque tous derrière lui, mais deux d'entre eux s'accrochaient encore, l'un à son bras et l'autre au col de son manteau.

– Viens avec nous, siffla une voix maléfique tout contre son oreille. Viens dormir du grand sommeil !

– Laisse-toi faire, murmura celui qui tenait son bras. Il ne sert à rien de lui résister.

– Il fait sombre dans nos tombes, dit l'autre d'une voix aigrelette et saccadée, comme une nuée de feuilles mortes emportées par le vent une nuit d'Halloween. Elles sont noires, étroites et silencieuses !

– Laisse-toi faire, laisse-toi faire, scandait le fantôme. Mets-toi à son service !

Kévin crut sa dernière heure arrivée. Il dévalait la côte à toute allure, plus vite qu'il n'avait jamais osé le faire, même en plein jour. Il ne voulait pas s'arrêter ni ralentir, car il était sûr que ces deux spectres le saisiraient et le retiendraient jusqu'à ce que leurs amis arrivent… et que se passerait-il alors ? Est-ce qu'ils l'emporteraient avec eux ?

L'enfermeraient dans une tombe ? *En feraient l'un des leurs* ?

La grand-rue défila à toute vitesse et Kévin faillit tomber quand la bicyclette se mit à tressauter sur les rails de chemin de fer.

– Non ! hurla l'un des fantômes saisi de fureur dont les mains essayèrent de déchiqueter le visage de Kévin. Mais les griffes crochues glissèrent sur sa peau comme des gouttes d'eau glacées. La bicyclette plongea dans le mystérieux brouillard.

– Nous nous évaporons ! cria l'une des voix. Nous nous diluons dans la brume !

La voix monta en crescendo et devint un gémissement aigu, puis un léger vrombissement de moustique, avant de s'éteindre complètement.

Kévin pleurait. Il freina et posa le pied droit par terre, la poitrine secouée de sanglots et le cœur battant à tout rompre. Il avait fait disparaître ces horribles créatures en plongeant dans le brouillard qui encerclait la ville, mais que faire maintenant ?

Il rassembla tout son courage, descendit de sa bicyclette et se mit à avancer en la poussant. Le brouillard humide et glacé le cernait de toutes parts. Il avait l'horrible impression de flotter dans un vaste néant crépusculaire. Et s'il ne retrouvait pas le chemin du retour ? Serait-il condamné à errer dans cet enfer ouaté pour le restant de ses jours ? Et si quelque chose d'affreux, comme l'horrible statue du cimetière, se mettait à le traquer dans les ténèbres ?

Soudain, il vit une lueur rouge. Il traversa le passage à niveau en poussant son vélo et failli crier de soulagement. Devant lui, un feu rouge venait de passer au vert. La ville dormait. Aucun fantôme n'était en vue.

Il refit le long trajet en sens inverse et pédala frénétiquement jusqu'au 100 de la rue Haute. Dès qu'il eut franchi le petit portail en fer forgé, il laissa tomber son vélo par terre, s'élança vers la maison, grimpa à toute allure les marches du perron, passa la porte en coup de vent, la claqua derrière lui et resta là, le dos appuyé contre le battant pour empêcher les fantômes d'entrer.

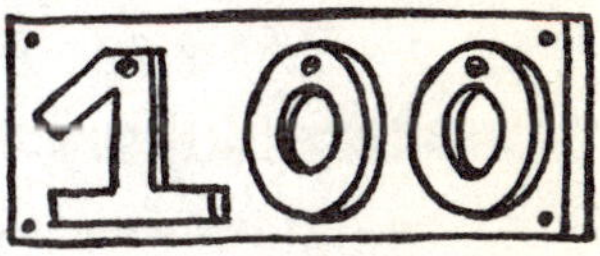

– Kévin ?

C'était Mme Holtz. Les sourcils froncés, elle arrivait dans le hall.

– Mais où diable étais-tu ?

– Ce garçon rentre vraiment beaucoup trop tard, Hannah, dit une voix doucereuse derrière elle. Je suis sûr que son oncle vous approuverait si vous l'empêchiez de sortir.

Kévin faillit s'évanouir. L'horrible M. Henry Vanderhelm était là, dans la maison de son oncle ! Il s'avança derrière Mme Holtz et sourit à Kévin, mais son sourire n'avait rien d'amical.

– Oui, sans doute, dit Mme Holtz pensivement. Je crois que vous avez raison... Je suis désolée, Kévin, mais comme tu n'arrêtes pas de sortir sans jamais me dire où tu vas, je vais te demander de rester ici jusqu'au retour de ton oncle.

– Oh, ne soyons pas trop durs, susurra Vanderhelm. Permettons-lui quand même de voir le spectacle ! Ce serait dommage de l'en priver.

– Mais M. Barnavelt sera rentré d'ici là ! s'écria Mme Holtz.

– Peut-être, peut-être, dit Vanderhelm. Quoique ce n'est pas sûr. De toute manière, Kévin ne va pas rater ça ! Car, tu sais, mon garçon, je suis sûr que tu seras bientôt l'un des nôtres – un passionné d'opéra – pour le restant de tes jours !

Kévin ne put supporter plus longtemps la tension nerveuse de la situation. Il ne cria pas. Il n'essaya même pas de s'enfuir.

Il tomba évanoui.

Chapitre 11

Kévin se réveilla dans sa chambre. Elle était sombre et silencieuse. Il se redressa brusquement et alluma sa lampe de chevet. Tout avait l'air normal. Le réveil faisait son tic-tac habituel et indiquait 1 h 15. Soudain, il entrevit son reflet dans le grand miroir près de la cheminée. Sa tignasse de cheveux blonds étaient ébouriffée et son visage arrondi le regardait, pâle et effrayé. On l'avait allongé sur le dessus-de-lit en le recouvrant d'une couverture. Quelqu'un – l'horrible M. Vanderhelm ? – l'avait porté dans sa chambre, l'avait mis sur le lit tout habillé, et lui avait retiré ses chaussures. Kévin se leva et ferma la porte de sa chambre à clé. Puis il s'approcha de la fenêtre et regarda dehors. La maison des Hanchett semblait endormie de l'autre côté de la rue, et la silhouette du château d'eau se dressait dans l'ombre en haut de la colline. Le trottoir était éclairé de loin en loin par les flaques de lumière jaune tombant des réverbères.

Kévin se déshabilla et se glissa dans son lit. Tout tremblant, il resta recroquevillé sous les couvertures pendant un long moment, murmurant les prières qu'il avait apprises quand il était enfant de chœur. Il avait peur de ne plus jamais pouvoir s'endormir, mais, épuisé, il finit par tomber dans un profond sommeil. Il fit des rêves angoissants où il s'enfuyait en courant de toutes ses forces devant les sinistres fantômes qui s'accrochaient à lui de leurs mains humides et glacées, mais ne se réveilla pas avant que la chaude lumière du soleil ne coule à flot par sa fenêtre. Comme il s'extrayait péniblement de son lit, les traits tirés, il entendit un bruissement sous son oreiller. Fronçant les sourcils, il glissa la main dessous et en ressortit un épais feuillet plié en quatre. Il l'ouvrit et lut le message écrit d'une main si violente que les lettres noires avaient presque déchiré le papier :

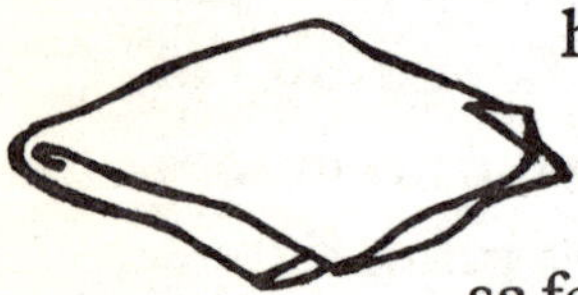

Cesse de lutter bêtement contre moi. Mes serviteurs sont partout. Si tu ressors avant la grande nuit, ne serait-ce qu'une fois, tu en subiras les horribles conséquences.

Je t'aurai prévenu.

Kévin se mit à trembler. Il se sentait promis à un sinistre destin, sans pouvoir rien faire pour l'éviter. Pour un garçon doté de son imagination, une vague expression comme « les horribles conséquences » évoquait toutes sortes de supplices et de souffrances insupportables. Il s'habilla et descendit au rez-de-chaussée, les jambes flageolantes, à l'écoute du moindre bruit. Les ombres de la maison le faisaient sursauter, et pourtant il était chez lui. Soudain, un terrible sentiment de honte l'envahit. Il n'y avait pas sur terre de plus grand trouillard que lui ! Oh, bien sûr, il avait ses accès de bravade, quand il se prenait pour Sherlock Holmes, par exemple, ou quand il était avec quelqu'un de vraiment courageux, comme Emily ou son correspondant anglais, Bertie Goodring. Mais la plupart du temps, quand il devait affronter l'inconnu tout seul, il n'était qu'une poule mouillée.

Mme Holtz étant déjà partie, Kévin se prépara son petit déjeuner. Il avait une boule dans la gorge et il eut du mal à avaler ses céréales. Qu'allait-il faire ? Le soleil brillait dehors, mais il était trop terrifié pour sortir de la maison. Il avait même peur de décrocher le téléphone. S'il appelait Emily, peut-être les serviteurs de Vanderhelm l'entendraient-ils et viendraient-ils le chercher ?

Il se mit alors à repenser aux moments difficiles qu'oncle Jonathan, Mme Zimmermann et lui avaient vécus lorsque la maison était encore ensorcelée par Isaac Izard. Ils avaient découvert d'une drôle de manière la cachette de la pendule qui devait déclencher la fin du monde. Un indice déterminant leur avait été révélé grâce à une sorte de rituel magique inventé par Kévin, et il se demanda soudain s'il ne pourrait pas refaire la même chose. Malheureusement, en l'absence de Jonathan et de Mme Zimmermann, il ne pourrait compter sur leurs pouvoirs magiques. Mais Mme Zimmermann n'avait-elle pas dit qu'un fort courant de magie imprégnait New Zebedee ? Kévin serra les dents et décida de tenter le coup. Il alla dans le bureau, prit un bloc et un crayon, et travailla un bon moment à mettre au point la série d'instructions la plus folle qu'il puisse imaginer. Peut-être trouverait-il ainsi une piste qui lui permettrait de vaincre Vanderhelm.

Quand le bruit de la vieille sonnette mécanique se fit entendre à 11 h 40, Kévin était toujours assis au bureau de son oncle. Il sursauta et dissimula aussitôt ce qu'il avait écrit sous une pile de livres. Puis il repoussa le siège du bureau et descendit en hâte dans l'entrée. On sonna de nouveau à la porte. Kévin rassemblait tout son courage pour demander « qui est là ? » lorsqu'une voix familière lui cria :

– Hé, Kévin ! Tu es là ?

C'était Emily. Avec un soupir de soulagement, Kévin ouvrit la porte. Son amie était sur le seuil, avec ses baskets Flyers, de hautes chaussettes noires, une jupe écossaise rouge et verte et le vieux blouson de son père portant l'inscription « Université du Michigan ». Elle enleva prestement le bonnet vert que sa mère lui avait tricoté et, derrière elle, Mme Jaeger apparut, emmitouflée dans un long manteau gris, une toque de fourrure sur la tête. Le soleil brillait et le vent soufflait en rafales.

– Tu en as mis du temps ! ronchonna Emily. On a failli s'en aller.

Elle passa devant Kévin qui s'effaça pour laisser entrer Mme Jaeger. Puis il referma la porte et tourna la clé.

– Avec un vent pareil, dit-il, je me demande si le brouillard…

– Ce serait trop beau ! le coupa Emily en enlevant son blouson. Je suis allée voir et il est toujours là, comme s'il n'y avait pas un souffle d'air !

– Si le vent n'a pas de prise sur lui, cela prouve bien qu'il est magique, conclut Mme Jaeger pendant que Kévin l'aidait à enlever son manteau.

– Ouais, dit Emily en accrochant son blouson et son bonnet au portemanteau. Mais je ne sais pas si... ça alors ! Pourquoi tu ne nous l'as pas dit ? s'écria-t-elle en montrant du doigt le miroir.

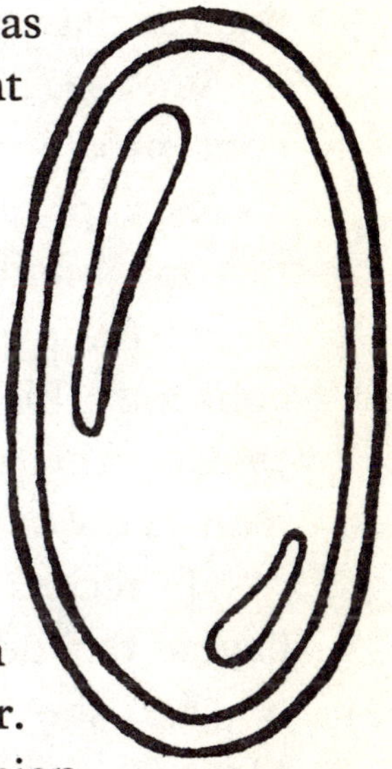

N'en croyant pas ses yeux, Kévin vit dans le miroir le visage de son oncle qui se brossait les dents.

– Ohé ! lui cria Kévin en agitant frénétiquement les bras. Oncle Jonathan !

Trop tard. Celui-ci venait de se rincer la bouche au-dessus d'un lavabo invisible et de faire demi-tour. Il y eut un miroitement et la vision s'effaça, la glace arrondie reprenant son aspect habituel.

– Ça, par exemple ! s'écria Mme Jaeger. C'était une vision de ton oncle, non ? On dirait que ma formule magique a agi, en fin de compte !

– Je ne sais pas, dit Kévin. Je les ai déjà vus là-dedans l'autre jour, Mme Zimmermann et lui.

Mme Jaeger prit l'air songeur.

– Hum ! Ce miroir pourrait peut-être nous être utile, si on l'aide un peu.

– De quelle façon ? lui demanda Emily.

– Jonathan était sûrement lui aussi face à un miroir, de l'autre côté de l'image. En général, on se regarde dans la glace quand on se brosse les dents.

Mme Jaeger pinça les lèvres pour mieux se concentrer.

– Si je prononce la bonne formule, la prochaine fois que Jonathan se regardera dans la glace, il verra la personne qui sera ici, à condition qu'elle se concentre bien sur sa volonté de le voir. Je vais essayer une petite incantation, Kévin, et toi, tu n'auras qu'à surveiller le miroir.

– D'accord ! Je n'arrive pas à croire que nous l'ayons raté de si peu..., ajouta-t-il d'un air désolé.

– Ce sont des choses qui arrivent, soupira Mme Jaeger. La magie est une affaire complexe et imprévisible. Je suis bien placée pour le savoir, crois-moi ! À propos, le poisson rouge se porte à merveille !

Elle resta songeuse quelques instants, psalmodia quelques phrases et agita sa cuillère.

– J'espère que ça va marcher...

– De toute manière, dit Kévin, je suis content que vous soyez venues.

Il leur expliqua brièvement ce qu'il voulait faire et Mme Jaeger l'écouta attentivement en hochant la tête.

– Et ça nous donnera peut-être un indice qui nous permettra de rompre l'envoûtement de Vanderhelm, conclut-il.

– Ça m'a l'air complètement cinglé ! s'écria Emily.

Voyant la figure de Kévin s'allonger, elle lui fit un grand sourire.

– Ne t'en fais pas ! Toute cette histoire est cinglée, de toute façon. Alors il se peut très bien que ça réussisse ! On va tenter le coup.

Kévin alla chercher dans le bureau la liste de ses instructions. Mme Jaeger la lut, un sourire flottant sur ses lèvres. Puis elle la passa à Emily qui éclata d'un rire nerveux.

– Dis donc, on va avoir l'air complètement idiot ! Mais je suis d'accord, il faut le faire. Est-ce qu'il ne vaut pas mieux rester ici pour pouvoir garder un œil sur le miroir ?

– Bien sûr ! répondit Kévin. Il se peut d'ailleurs que le seul effet de ce rituel soit de contacter oncle Jonathan. Mais on n'en saura rien tant qu'on n'aura pas essayé, ajouta-t-il en courant chercher le matériel.

Ils furent prêts en quelques minutes. Kévin installa la table de jeu pliante et apporta trois chaises. Ils ne pouvaient se regarder sans avoir le fou rire. Kévin s'était peint le visage moitié en vert, moitié en jaune. Sur ses vêtements normaux, il avait enfilé une chemise de nuit de son oncle, de couleur orange, qui tournoyait autour de lui. Emily s'était fait deux couettes qui se dressaient sur sa tête comme des antennes. Elle avait mis le blouson de son père à l'envers et glissé son bonnet sur son pied

gauche, et sa chaussure gauche sur sa main gauche. Le visage poudré de farine, Mme Jaeger s'était fait un nez de clown rouge vif avec son rouge à lèvres. Elle avait attaché une ficelle noire à sa cuillère magique et se l'était mise en collier autour du cou. Tous trois s'assirent autour de la table en se tenant les mains.

– Et maintenant ? lança Mme Jaeger. On va communiquer avec les esprits ?

– Non, répondit Kévin, on va chanter la chanson magique jusqu'à ce qu'il y ait un signe qui nous aide.

– Quelle chanson ? demanda Emily.

– *Il était un petit navire*, lui dit Kévin. Mais il faut la chanter en canon et, quand on l'aura terminée, la rechanter à l'envers.

Ils durent s'y reprendre à plusieurs fois pour le faire correctement, et chacun d'eux finit par pouvoir chanter les paroles dans les deux sens. Emily avait une assez jolie voix de soprano, Mme Jaeger une voix de contralto légèrement fausse, et Kévin essayait de prendre une voix de baryton. Alors qu'ils terminaient leur troisième canon sans une faute, il se passa quelque chose. Kévin venait de finir la phrase inversée « navigué jamais n'avait qui » quand un tintamarre les fit sursauter : toutes les pendules de la maison sonnèrent en même temps treize coups.

Oncle Jonathan n'avait plus autant de pendules qu'à l'époque où il cherchait à couvrir le tic-tac de celle qui était ensorcelée, mais il y en avait encore une bonne douzaine réparties dans toutes les pièces, de la grande horloge du grand-père au petit réveil de la table de chevet de Kévin. Curieusement, elles se mirent toutes à sonner, même celles qui, normalement, ne le faisaient pas. Une fois le silence revenu, le miroir du portemanteau s'éclaira et parut s'animer.

Il commença par émettre des lueurs bleu ciel, blanches et roses. Puis il y eut un scintillement noir et blanc qui se transforma en image, comme sur un écran de télévision. L'air très sérieux, un homme assis à un bureau lisait une feuille de papier. Il portait un haut chapeau pointu décoré de lunes, d'étoiles et de planètes scintillantes, et il avait une longue barbe blanche.

– Chers amis, bonsoir, dit-il d'une voix grave. Voici les nouvelles du monde de la magie. Une information en provenance de New Zebedee dans le Michigan : demain soir, Henry Vanderhelm tentera de devenir Roi des Morts en faisant chanter son incantation magique par les habitants de la ville qu'il a envoûtés. Ce désastre pourrait être évité, mais uniquement par des personnes connaissant la partition. Démasquer Henry Vanderhelm est une démarche risquée et dangereuse, chers spectateurs, et nous vous conseillons de bien réfléchir.

Le miroir s'assombrit et les trois amis se regardèrent.

– Eh bien, c'est pas ça qui va beaucoup nous aider, grommela Emily.

– Mais si, murmura Mme Jaeger. Nous savons à présent quand Vanderhelm va faire son coup. Il faut que nous l'empêchions, ou du moins que nous le retardions.

– Le retarder, répéta Kévin. Oui, pourquoi pas ? Je me demande si nous ne pourrions pas faire quelque chose au théâtre.

– Quoi, par exemple ? demanda Emily en se débattant pour enlever le blouson qu'elle avait mis à l'envers. Le brûler ?

– Non, quand même pas, répondit Kévin. Mais qu'est-ce qui se passerait si les extincteurs automatiques se mettaient tous en route ? Ou si on sabotait les instruments de musique ? Cela nous donnerait un peu de temps.

Il me semble que ça vaut la peine d'essayer, dit lentement Emily. Mais quand faudrait-il le faire ?

– C'est cette nuit ou jamais, trancha Mme Jaeger. Après la fin des répétitions.

Horrifié, Kévin se mit à trembler. Il n'avait pas vraiment réfléchi avant de parler. Mais, maintenant, à la simple idée de pénétrer la nuit dans cet affreux théâtre, il avait la chair de poule et la tête qui tournait. C'était bien la dernière chose qu'il avait envie de faire.

Et il fallait pourtant qu'il le fasse.

Chapitre 12

Jonathan venait de se laver les dents quand il entendit Mme Zimmermann l'appeler de sa chambre. Il longea le couloir et trouva la porte ouverte. Assise à sa fenêtre, elle tricotait une écharpe violette en écoutant les informations nationales à la radio. Derrière elle, pas un nuage ne troublait le bleu du ciel de Floride, mais elle avait pourtant l'air inquiet.

– Qu'est-ce qui se passe, vieille sorcière ? lui demanda Jonathan d'une voix moqueuse. Tu as…

D'un froncement de sourcils, elle lui fit signe de se taire.

– Il faut qu'on écoute ! ajouta-t-elle. Juste avant la publicité, le speaker a dit qu'ils allaient donner une information concernant New Zebedee.

Après les dernières mesures d'une réclame de dentifrice, une voix cordiale et sympathique reprit le bulletin d'informations :

– Quelqu'un aurait-il trouvé une petite ville du Michigan ? Parce que les services postaux des États-Unis en cherchent une ! D'après la Poste, les camionnettes du courrier ne peuvent se rendre depuis plusieurs jours dans une agglomération nommée New Zebedee, et les agriculteurs des environs rencontrent les mêmes difficultés, qu'ils attribuent à la présence d'un épais brouillard plutôt insolite en cette saison. Soyez vigilants ! Si la Poste déclare avoir perdu une ville, imaginez ce qu'elle peut faire de votre courrier !

Le speaker passant ensuite à un autre sujet, Mme Zimmermann posa son tricot et éteignit la radio.

– Je crois qu'il est temps de rentrer chez nous.

Sans plus la taquiner, Jonathan hocha la tête en disant :

– Je vais appeler l'aéroport. Fais tes bagages. Nous allons prendre le premier vol pour Detroit.

– Jonathan ? reprit Mme Zimmermann.

– Oui, Florence ?

– Tu crois que les enfants vont bien ?

– J'allais justement les appeler, dit-il en quittant rapidement la pièce.

Ils avaient fini de régler la succession de Lucius Mickleberry et avaient prévu de rentrer chez eux deux jours plus tard. Les livres de magie et la collection d'amulettes avaient été rangés dans trois grandes caisses qui devaient être expédiées par bateau à New Zebedee.

Jonathan demanda l'interurbain, mais on lui répondit que les lignes de New Zebedee étaient coupées depuis plusieurs jours. Il appela l'aéroport, ainsi qu'une société de transport. Puis il revint en hâte dans la chambre de Mme Zimmermann.

Elle avait baissé le store de la fenêtre et tiré les rideaux. Elle tenait son parapluie noir fermé devant elle, et la petite boule de cristal tenant lieu de poignée émettait des lueurs violettes qui voletaient sur son visage et sur les murs de la chambre. Elles tremblotaient, un peu comme les lumières qu'on voit sous l'eau à travers un masque de plongée. Mme Zimmermann soupira et elles disparurent.

– Tu as vu quelque chose ? lui demanda Jonathan alors qu'elle se levait pour ouvrir les rideaux et le store de la fenêtre.

– Non, répondit-elle, et cela m'inquiète beaucoup. J'utilise rarement le cristal de cette manière, mais quand je le fais, cela marche toujours. S'il ne peut pas me montrer New Zebedee, c'est qu'il doit y avoir une sorte de bouclier magique autour de la ville.

Elle ouvrit son placard et en sortit sa grande valise qu'elle jeta sur le lit. Puis elle commença à prendre ses vêtements dans les tiroirs et à les ranger dedans.

– Et toi, tu as du nouveau ?

– Rien du tout, dit Jonathan.

Il lui expliqua que les lignes téléphoniques ne fonctionnaient plus.

– Tout ça ne me plaît pas beaucoup, murmura Mme Zimmermann. Tu as appelé l'aéroport ?

– Nous avons raté de peu le dernier vol, mais demain matin, à huit heures, il y a un avion qui va à Detroit. On y sera à quatre heures de l'après-midi, et on devrait pouvoir arriver à New Zebedee dans la soirée.

Mme Zimmermann repliait un pull-over violet. Elle le mit dans la valise et jeta à Jonathan un regard angoissé.

– Je me demande ce que nous allons trouver là-bas.

Jonathan frissonna.

Ce soir-là, Kévin et Emily se rendirent au théâtre où M. Vanderhelm dirigeait les dernières répétitions, bien décidés à lui mettre des bâtons dans les roues. Mme Jaeger était rentrée chez elle pour essayer de trouver une formule magique susceptible de contrecarrer ou de retarder les projets de Vanderhelm. Tapis dans l'embrasure de la porte de la société Farmers' Seed & Feed, Kévin et Emily entendaient le son lointain de la musique et des nombreuses voix qui chantaient en chœur. La répétition était souvent interrompue par de longues périodes de silence. Pendant l'une de ces pauses, Emily murmura :

– Vanderhelm doit leur donner des indications scéniques, non ?

Kévin ne répondit pas.

Finalement, vers 22 heures, les gens s'en allèrent par petits groupes de trois ou quatre personnes dont certaines fredonnaient ou bavardaient. Ils virent passer Mme Holtz et la mère d'Emily, et attendirent que plus personne ne sorte pour quitter leur cachette. Emily essaya de tourner la poignée de la porte.

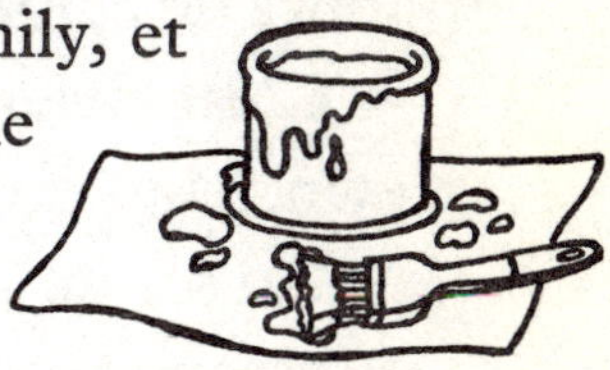

– Elle n'est pas fermée à clé, murmura-t-elle. Allez, on y va !

Une faible lumière venait du haut de l'escalier. Kévin suivit Emily, le cœur battant. Une odeur de peinture fraîche lui chatouilla le nez et, quand ils arrivèrent dans le hall, il eut le souffle coupé en voyant tous les changements qui avaient été réalisés. Les lustres étaient allumés, montrant que les murs avaient été repeints, l'épaisse moquette rouge soigneusement nettoyée, et l'aménagement parfaitement rangé. Les lieux n'étaient plus délabrés et inhospitaliers comme lors de leur première visite. Emily avança rapidement vers la grande salle.

– Il n'y a pas de lumière, dit-elle. On va voir si on peut l'éclairer.

Ils cherchèrent un bon moment avant que Kévin ait l'idée d'aller au fond de l'alcôve du vestiaire. Là, une porte s'ouvrait sur une petite cabine dont la fenêtre donnait sur la grande salle plongée dans le noir. Une ampoule de faible intensité éclairait un pupitre de commande couvert d'interrupteurs.

– C'est sûrement la cabine de l'éclairagiste, dit Kévin. Mais quel est le bon bouton ?

– On n'a qu'à tous les essayer, proposa Emily.

Elle tendit la main et appuya sur le plus proche. Aussitôt, une lumière rose baigna la partie droite de la scène.

Kévin en enclencha d'autres, et de nouveaux éclairages s'allumèrent. Soudain, il remarqua sur sa gauche une grosse manette en position fermée, sous laquelle une étiquette indiquait « Plafond ». Il l'abaissa, et un grand lustre s'illumina, révélant les rangées de sièges parfaitement nettoyés et réparés.

– Bon, dit Emily, on va voir ce qu'on peut faire.

Ils pénétrèrent dans l'immense salle et Kévin eut immédiatement une sensation de répulsion et de frayeur qui lui donna la chair de poule. Tout semblait parfaitement astiqué, mais l'ambiance était sinistre, comme si quelqu'un épiait leurs moindres mouvements. Soudain, quelque chose lui traversa l'esprit.

– Mais, dis-moi, tu l'as vu, toi ? murmura-t-il d'une voix rauque.

– Vu qui ? lui demanda Emily d'un ton agacé.

Ils venaient de monter sur la scène où une toile de fond représentait une petite ville. Dans la fosse d'orchestre, les instruments de cuivre brillaient mais, curieusement, les partitions étaient éparpillées sur le sol comme si les musiciens les avaient négligemment jetées par terre à la fin de la répétition.

– Vu qui ? répéta Emily en jetant un coup d'œil autour d'elle.

– Vanderhelm, répondit Kévin. La moitié de la ville est sortie du bâtiment, mais je n'ai pas remarqué si Vanderhelm était avec eux. Tu l'as vu, toi ?

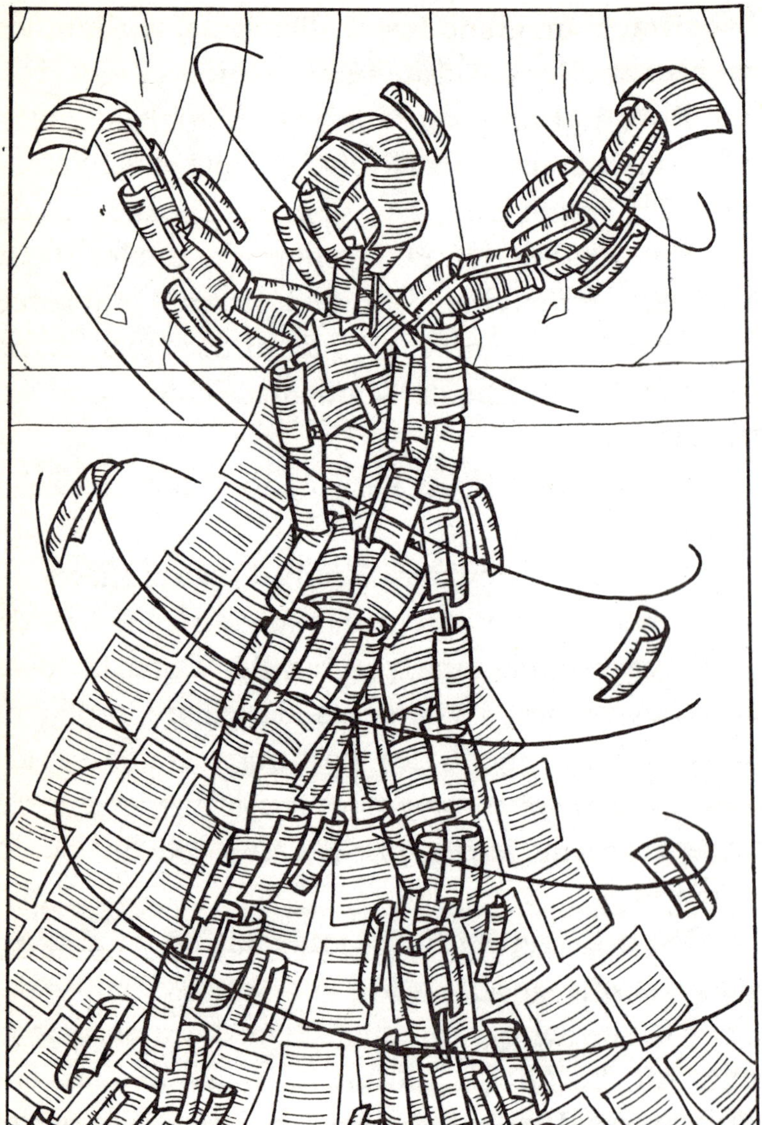

– Il était sûrement dans un des groupes, dit Emily en haussant les épaules. Tiens, j'ai une idée. On va ramasser toutes ces partitions et les brûler. J'aimerais bien les voir essayer de jouer l'opéra sans musique !

Kévin hésita. Il ne se rappelait que trop la dernière fois qu'il était venu dans la fosse d'orchestre. Mais Emily était déjà en train de descendre les marches, et Kévin la suivit en serrant les dents.

– Je n'aime pas cet endroit, murmura-t-il.

Emily se mit les mains sur les hanches.

– Ne t'en fais pas, on va faire vite. Quelle pagaille ! Allez, aide-moi !

Elle se baissa et ramassa quelques feuillets, et Kévin se pencha pour l'imiter.

Wouououshhh ! Un souffle jaillit de nulle part et Emily poussa un cri. Kévin fit un bond en arrière, trébucha contre l'escalier et tomba assis sur la deuxième marche. Emily recula vers lui, la bourrasque agitant ses longs cheveux autour de son visage. Les partitions s'envolèrent en tournoyant et s'enroulèrent comme une tornade. Bruissantes et voltigeantes, elles se rassemblèrent pour former un cône de feuilles tourbillonnantes de la taille d'un homme.

– Sauvons-nous ! cria Emily en attrapant le bras de Kévin pour l'aider à se relever.

Elle voulut grimper l'escalier en tirant Kévin qui trébuchait, la tête tournée en arrière, incapable de détacher son regard de cette vision stupéfiante. Le

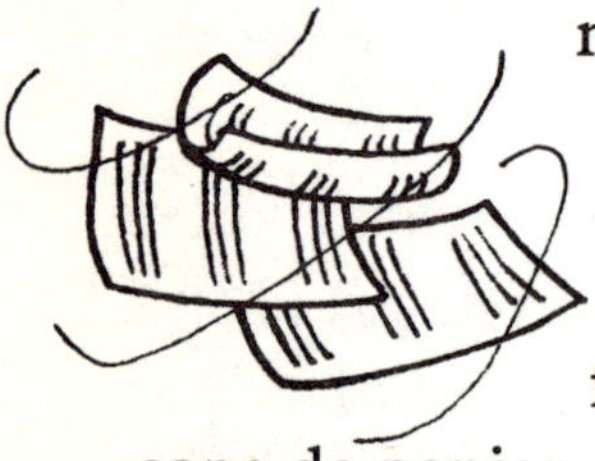

nuage de partitions se fit plus compact et prit la forme d'un homme. Et, brusquement, il *fut* un homme, un homme fait de feuilles de papier avec une grande cape de papier ondulant derrière lui. Ses longs bras de papier se tendaient vers Kévin et le regard vide de son visage blafard était dirigé vers lui. L'étrange apparition fit un pas et ses jambes de papier bruissèrent. Puis l'encre des notes de musique se mit à former des motifs noirs et blancs qui, brusquement, donnèrent à l'homme l'apparence de Vanderhelm. Ses yeux noirs se mirent à briller d'un éclat menaçant, ses lèvres noires à ricaner et, au bout de ses bras, l'encre dessina de longs doigts avides. La créature fit un autre pas et prit les couleurs de la vie. Ses lèvres s'entrouvrirent pour laisser passer la voix perçante de Vanderhelm :

– Vous avez été stupides, mes enfants ! Je t'avais pourtant prévenu, Kévin, et je t'avais bien dit qu'il n'y aurait pas d'autre avertissement !

La main puissante de la créature se referma sur le poignet de Kévin qui se débattit. Du haut de l'escalier, Emily le tirait par le bras pour l'aider à remonter dans la salle, mais Kévin sentit qu'il ne pouvait résister à Vanderhelm – ou à cette chose qui lui ressemblait.

– Sauve-toi, Emily ! hurla-t-il de toutes ses forces.

Il sentit des mains puissantes le saisir et faillit s'évanouir. Puis il entendit la voix d'Emily qui lui parut venir de très loin :

– Je vais chercher de l'aide, Kévin !

Les mains le soulevèrent du sol. La créature qui avait pris l'apparence de Vanderhelm était incroyablement forte et Kévin, plus mort que vif, était comme une poupée de chiffon sous sa poigne.

Les yeux cruels fixaient les siens.

– Je ne dois pas verser de sang avant la fin du rituel, marmonna Vanderhelm. Tu vas donc vivre encore un peu, mais je ne sais pas ce que je vais faire de toi en attendant.

Il fit une pause, et une expression rusée apparût sur son visage.

– Tiens, pourquoi pas ? marmonna-t-il. Ils n'ont jamais retrouvé l'autre, celui que mon maître a jadis fait disparaître parce qu'il lui avait causé des ennuis, tout comme toi. Oui, je crois que c'est le mieux.

Livide de peur, Kévin sentit que Vanderhelm le prenait sous son bras et montait les marches menant dans la salle. Il l'emporta dans les coulisses plongées dans la pénombre.

– Tu sera peut-être intéressé, mon jeune ami, d'apprendre que ce théâtre comporte une trappe, juste ici, derrière la scène. Elle donne sur une petite fosse qui est malheureusement insonorisée, ce qui t'empêchera d'écouter le spectacle demain soir. Quel dommage ! Mais l'avantage, c'est que personne dans l'assistance ne pourra t'entendre crier !

La créature se pencha et glissa un doigt dans une encoche formée par un nœud du bois. Puis, en tirant, elle souleva la trappe.

– Profite bien de ce petit répit ! cria la voix de Vanderhelm.

Kévin dégringola dans le trou en hurlant.

Il heurta brutalement le fond, et le choc lui coupa la respiration. Il se releva immédiatement en s'efforçant de reprendre son souffle. À une cinquantaine de centimètres au-dessus de sa tête, un rectangle de faible lumière rétrécissait à mesure que la trappe se refermait. En suffoquant, Kévin arracha frénétiquement son écharpe et lança en l'air une de ses extrémités juste avant que la trappe ne se referme. Il tira un petit coup. Elle était coincée et devait un peu dépasser à l'extérieur – Vanderhelm allait-il la voir ?

Au bout d'une longue minute, Kévin se sentit rassuré. Mais à quoi allait-elle lui servir ? Il fallait absolument que quelqu'un la voie. Quelqu'un comme Emily ou Mme Jaeger. C'était son seul espoir – le genre d'espoir que Mme Zimmermann aurait sans doute qualifié de « chimérique ». Il comprenait à présent ce qu'elle entendait par là.

L'obscurité était totale dans ce trou qui sentait le renfermé et le moisi. Kévin tâtonna autour de lui. Il était enfermé dans une sorte de puits carré dont les murs en brique faisaient environ un mètre vingt de large et deux mètres cinquante de haut. Il en fit le tour et se prit les pieds dans quelque chose. Il y eut un léger bruit d'entrechoquement.

Kévin se pencha avec précaution et tâtonna en se demandant ce que c'était. Quelque chose cliqueta sous ses doigts comme des petits morceaux de porcelaine cassée. Puis il palpa une forme arrondie, douce et fraîche au toucher, une sorte de ballon de matière solide. Et, brusquement, sa main sentit les dents.

Il poussa un hurlement de terreur. Il savait maintenant d'où était venu le fantôme. Il se trouvait dans la dernière demeure du pauvre Mordecai Finster.

Chapitre 13

Quand Emily raconta d'une voix haletante à Mme Jaeger ce qui s'était passé au théâtre, celle-ci faillit s'évanouir.

– Oh ! mon Dieu, murmura-t-elle. C'est affreux !

– Qu'est-ce qu'on peut faire ? lui demanda Emily.

Elles étaient assises dans la cuisine de Mme Jaeger devant une tasse de chocolat fumant. Il était presque 23 heures et, dehors, il faisait nuit noire. La lune n'était pas encore levée et d'innombrables étoiles scintillaient dans le ciel nocturne. Il y avait longtemps qu'Emily aurait dû être au lit, mais elle avait peur de rentrer chez elle. Elle craignait que sa mère, sous l'emprise du sort que lui avait jeté M. Vanderhelm, ne le mette sans le vouloir sur sa trace. L'horrible musicien s'était certainement aperçu qu'Emily était avec Kévin dans le théâtre, et Dieu sait ce qu'il ferait si elle tombait entre ses mains. Sans parler de ce qu'il avait peut-être déjà fait à Kévin...

– Aidez-moi à réfléchir, madame Jaeger. Il faut que nous fassions quelque chose, implora Emily.

– Nous n'allons pas rester les bras croisés, c'est sûr ! répondit Mme Jaeger en fronçant les sourcils d'un air inquiet. Voyons voir. Nous ne pouvons pas appeler la police puisque nous savons qu'il y a des policiers qui répètent cet opéra et qui sont envoûtés par Vanderhelm. Nous ne pouvons pas non plus nous rendre au théâtre cette nuit car Vanderhelm – ou cette chose horrible qui a pris son apparence – est sur ses gardes. Qui plus est, il va bientôt être minuit, l'heure où la magie noire est la plus puissante, et tu sais bien que mes propres pouvoirs magiques sont très faibles. D'un autre côté, comme Vanderhelm n'a pas encore décelé ma présence, je crois que nous sommes relativement en sécurité ici. Il ne m'a pas fait disparaître, moi et ma maison, et j'ai l'impression qu'il n'a tout bonnement jamais entendu parler de moi. Mais ce n'est pas une raison pour rester ici à ne rien faire. Je me demande si le mieux ne serait pas…

Emily poussa un grognement d'exaspération. Elle était habituée à la façon de faire de Mme Zimmermann qui prenait des décisions rapides et agissait aussitôt. La réflexion méthodique et laborieuse de Mme Jaeger lui mettait les nerfs à vif.

– Ne serait pas quoi ? lui demanda-t-elle.

Mme Jaeger lui fit un sourire d'excuse.

– Eh bien, je crois que nous devrions aller chez Jonathan. Vanderhelm n'a pas jeté de sort à la maison des Barnavelt et nous n'y craindrons rien.

– Pourquoi ? demanda Emily.

Elle connaissait maintenant suffisamment Mme Jaeger pour savoir que, même si elle n'était pas très douée, elle savait beaucoup de choses sur la magie.

Mme Jaeger prit un instant de réflexion avant de répondre.

– C'est compliqué à expliquer, tu sais, mais tu n'as qu'à considérer les sortilèges comme des œuvres d'art. Disons comme une statue qu'on vient de sculpter. Une fois qu'elle est terminée, on ne peut plus y revenir. Continuer à tailler la pierre ne ferait que gâcher ce que l'on a fait. C'est la même chose quand on jette un sort. Le sorcier le sculpte en quelque sorte dans la magie qui est en lui et autour de lui. Mais lorsqu'il est fini, il ne peut le changer

sous peine de le rompre. Donc, si Vanderhelm essayait de jeter un sort pour faire disparaître la maison de Jonathan Barnavelt, il réussirait sans doute, mais les maisons de tous les autres magiciens de New Zebedee réapparaîtraient. Et, à moins qu'il ne tente quelque chose de très imprudent, les magiciens reviendraient eux aussi. Or je ne pense pas qu'il ait envie de les affronter…

– Alors nous ne risquerons rien chez Kévin ? demanda Emily.

Mme Jaeger reprit l'air inquiet.

– Je n'en suis pas complètement sûre, mais c'est là, je crois, que nous serons le plus en sécurité. Et ce qui est intéressant, c'est que nous pourrons peut-être communiquer avec Jonathan ou Florence grâce au miroir de l'entrée.

– C'est vrai, j'avais oublié le miroir ! reconnut Emily.

Elle se demanda si elle devait parler à Mme Jaeger du miroir magique qu'avait jadis possédé Mme Zimmermann – un miroir qui les avait fait voyager dans le temps en les ramenant toutes les deux dans un lointain passé pour affronter un terrible sorcier[1]. Mais elle se dit que cette histoire serait trop longue à raconter et se contenta d'ajouter :

– Si Mme Holtz s'en va de bonne heure demain matin, nous pourrons y entrer. Elle ferme toujours la porte à clé, mais Kévin m'a montré où son oncle cache le double. Et qu'est-ce qu'on va faire en attendant ?

– Dormir, répondit Mme Jaeger. Cela ne servira strictement à rien et à personne de nous rendre malades d'inquiétude. Tu peux rester chez moi cette nuit. Je vais te donner une des chemises de nuit de ma petite-fille.

Emily alla donc se coucher à contrecœur dans la chambre d'amis de Mme Jaeger. Elle était terriblement inquiète pour Kévin et se demandait si elles réussiraient à empêcher d'agir l'horrible créature qui avait pris l'apparence de Vanderhelm.

Kévin, de son côté, avait fini par retrouver son sang froid. Il était resté fou de terreur pendant plus d'une heure, puis s'était peu à peu calmé. Être enfermé dans le noir avec un squelette était une situation horrible et il n'avait aucun moyen de s'échapper. « Ce serait moins affreux si seulement il

1. Voir le tome 4 : *Le Fantôme dans le miroir*.

y avait un peu de lumière », pensa-t-il. Une simple lueur, comme la flamme d'une bougie, l'aurait rassuré. Mais il n'avait rien de ce genre et, debout dans le noir contre le mur de brique, il se demandait quoi faire.

Soudain, il eut une idée. Une idée terrible, d'une certaine manière, mais c'était la seule qu'il avait. Il allait appeler quelqu'un. Il s'efforça à plusieurs reprises de le faire, et le courage lui manqua à chaque fois. Finalement, il empêcha ses mains de trembler en serrant les poings, ferma les yeux en plissant les paupières et glapit « Monsieur Finster ? » d'une voix plaintive.

Personne ne répondit. Kévin avait du mal à respirer, comme s'il manquait d'air dans ce réduit, alors qu'il sentait un petit souffle jaillir d'une fente entre les briques. Non, il ne s'asphyxiait pas, il avait simplement peur. Il rassembla tout son courage et dit à voix haute :

– J'appelle le fantôme de Mordecai Finster pour qu'il vienne… euh… m'aider à défendre la cause du bien !

La température chuta brutalement de plusieurs degrés et un frisson glacé lui parcourut le dos. Il n'était plus tout seul maintenant. Quelqu'un ou *quelque chose* était là. Il sentit ses cheveux se dresser sur sa tête.

– Empêchez-le d'agir, s'écria une voix douce et grave, la voix d'un être solitaire et tourmenté.

– Je... j'essaie, dit Kévin d'une voix tremblante. Mais ce n'est pas le... le vrai Vanderhelm. Celui-là s'est... s'est formé avec les partitions.

– C'est un simulacre, dit la voix sur un ton inquiétant qui glaça le sang de Kévin. Le vrai Vanderhelm a créé un fantôme qui est le double de lui-même. Lorsque j'étais encore en vie, j'ai caché dans le piano la partition ensorcelée, mais vous l'avez trouvée, et vous avez ainsi libéré ce double maléfique. Vanderhelm est mort, mais ce fantôme va essayer d'accomplir la volonté de son maître et de devenir le Roi des Morts. Ne le laissez pas faire, je vous en supplie, ne le laissez pas faire !

– Pou... pourriez-vous ne pas... pas parler sur... sur ce ton ? demanda Kévin. Cela me do... donne la chair de poule.

– Oh, je suis désolé ! dit la voix avec une intonation plus normale. Je ne voulais pas t'effrayer. On s'habitue à être un fantôme, tu sais. Mon esprit hante ce maudit théâtre depuis que je suis mort de faim et de soif dans ce réduit où Vanderhelm m'avait enfermé.

Kévin put à nouveau respirer normalement. La voix de M. Finster, qui n'avait plus rien

d'angoissant, semblait maintenant un peu distraite, mais amicale et rassurante.

– Pourquoi hantez-vous ce théâtre ? lui demanda Kévin.

– Pour que personne ne puisse déclencher le sortilège, répondit la voix. Mais tu as trouvé la partition très, très vite et, comme je ne m'étais pas matérialisé depuis longtemps, j'étais un peu rouillé ! Il me faut un moment pour me solidifier aux yeux des mortels. J'ai pourtant essayé de te mettre en garde !

– Je suis désolé, dit Kévin.

– Ce n'est pas ta faute, je sais.

La voix prit un ton mélancolique.

– J'espérais que tu pourrais détruire la partition et rompre le sortilège. J'aurais enfin été libre !

Kévin fronça les sourcils dans l'obscurité.

– Je ne comprends pas, dit-il.

– Je me suis juré de ne pas quitter cette terre avant d'avoir débarrassé le monde des ignobles machinations de Vanderhelm, expliqua la voix. Je ne partirai que lorsque le sortilège sera rompu. Mais si par hasard il se réalisait – la voix devint un murmure menaçant –, je ressusciterais et deviendrais l'esclave de Vanderhelm. J'espère pour toi que cela n'arrivera pas, mon garçon !

– V… vous me f… feriez du mal ? bredouilla Kévin.

– Bien sûr que non, dit la voix. Mais si Vanderhelm réussissait à faire entièrement chanter son opéra, les morts surgiraient pour se mettre à ses ordres. Et l'interdit serait alors levé.

– Quel interdit ? demanda Kévin.

– Celui qui défend de verser du sang, dit la voix. C'est pour cette raison qu'Immanuel Vanderhelm ne m'a pas tué de suite, pour pouvoir mener à terme son horrible sortilège. J'avais volé la partition dans sa loge et, comme je savais que le piano de l'orchestre allait être changé, je l'avais glissée à l'intérieur en espérant qu'elle disparaîtrait avec lui le lendemain. Malheureusement, Vanderhelm a compris que je manigançais quelque chose. Il a essayé de me faire parler, mais j'ai refusé, et il a fini par me jeter dans ce trou. Le lendemain matin, mon ami Lucius Mickleberry lui a réglé son compte mais, hélas, personne ne m'a jamais retrouvé !

Kévin recommença à trembler.

– Et moi, qu'est-ce… qu'est-ce que je peux f… faire ? demanda-t-il d'une voix plaintive.

– Sers-toi de ce que tu as ! répondit le fantôme. Utilise ce que je te laisse ! Il ne me reste presque plus de temps. Adieu, Kévin Barnavelt ! Il faut frapper pour entrer – ou pour sortir !

L'obscurité se réchauffa un peu. Kévin appela M. Finster une fois ou deux, mais personne ne répondit. Abasourdi et déconcerté par les paroles d'adieu du fantôme, Kévin se blottit dans un coin, le plus loin possible des ossements. Une terrible fatigue s'abattit sur lui, et il s'endormit enfin.

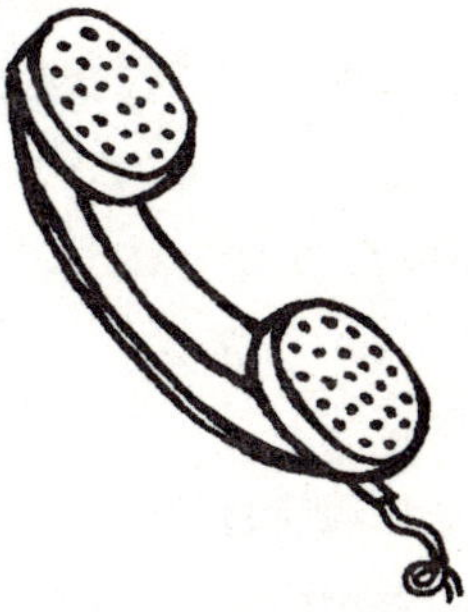

Chapitre 14

Le lendemain matin, le temps était gris et froid. Emily et Mme Jaeger attendirent jusqu'à 10 heures, l'heure où commençaient habituellement les répétitions. Puis elle montèrent dans la voiture de Mme Jaeger – une Chevrolet noire de 1939 – et roulèrent vers la maison des Barnavelt. En arrivant, Emily vit une lumière allumée au premier étage dans la chambre qu'occupait Mme Holtz, et quelques instants plus tard, elle la vit passer derrière la fenêtre. Elles attendirent dans la voiture un long moment, mais Mme Holtz ne sortit pas. Elles finirent par revenir chez Mme Jaeger où Emily décrocha le téléphone pour appeler chez elle.

– Emily ! s'écria sa mère d'une voix sévère. Où diable étais-tu ? Je suis rentrée tard hier soir et j'ai cru que tu étais dans ta chambre, mais j'ai vu ce matin que tu n'avais pas dormi dans ton lit !

– Elle était chez moi, chère amie, dit Mme Jaeger.

Voyant Emily en détresse, elle avait pris le combiné et poursuivit d'une voix douce et conciliante :

– Louise ? Bonjour, je suis Mildred Jaeger... Très bien, merci... Emily m'a dit que vous chantiez dans l'opéra... Oui, je suis sûr que c'est très excitant... Eh bien, je voulais vous expliquer pourquoi Emily n'est pas rentrée hier soir. Elle s'est très gentiment proposée pour m'aider à faire quelques bricoles dans la maison et, hier soir, nous avons joué au Monopoly. J'avais l'intention de la ramener chez vous à la fin de la partie, et figurez-vous que nous tombions de sommeil et que nous nous sommes endormies sur place !... Oui, toutes les deux. Et nous ne nous sommes réveillées que ce matin, alors je lui ai bien sûr demandé de vous téléphoner... Je suis terriblement navrée de vous avoir causé tous ces soucis... Oui, certainement. Je serais ravie de la ramener ce soir. J'espère que le spectacle se passera bien.

Elle raccrocha et s'écria :

– Ouf !

– Merci, madame Jaeger, dit Emily d'une petite voix.

Elle était désolée de cacher la vérité à sa mère, mais comment faire autrement ?

– Qu'est-ce que maman a dit sur le spectacle ?

– Eh bien, il n'y a pas de répétition aujourd'hui car la représentation est prévue pour ce soir à sept heures. Ils sont tous censés se présenter au théâtre à quatre heures et je crois que nous allons devoir attendre jusque-là.

– Et Kévin ? gémit Emily. Il est dans les mains de cet horrible Vanderhelm !

– Je sais, Emily, et cela me désole. Mais j'ai bien peur que nous ne puissions rien faire tant que nous ne pourrons pas accéder à ce miroir.

– M... mais...

Emily cligna des paupières. Derrière ses lunettes, ses yeux la brûlaient et la démangeaient.

– Mais il f... faut faire quelque chose.

Mme Jaeger sourit tristement en disant :

– Ne perds pas espoir, Emily. Rappelle-toi ce que je t'ai dit. Kévin ne craint rien jusqu'à la fin de la représentation. Nous devons attendre le bon moment et nous ferons alors tout notre possible pour l'aider.

– Mais ce n'est pas *juste* ! insista Emily. Ce n'est pas lui qui a eu l'idée de descendre dans cette fosse d'orchestre hier soir. C'est moi ! S'il lui arrive quelque chose, tout sera de ma f... faute..., dit-elle d'une voix étranglée par les sanglots.

Mme Jaeger lui ouvrit tout grand les bras et Emily se réfugia contre elle en pleurant à chaudes larmes – des larmes de colère, de frustration et de peur.

Les heures de cette sombre et interminable journée s'écoulèrent très lentement. Emily regardait la pendule, essayait de s'occuper pendant un long moment, puis la regardait à nouveau pour s'apercevoir qu'à peine cinq minutes s'étaient écoulées. Elle se faisait un souci fou pour Kévin. En temps normal, c'était lui l'éternel inquiet qui ne cessait d'imaginer des catastrophes qui ne se produisaient jamais. Mais, ce jour-là, c'était Emily qui était dans tous ses états et qui se torturait en pensant à lui.

Pour le déjeuner, Mme Jaeger prépara un potage à la tomate et des croque-monsieur, mais elles ne mangèrent pas grand-chose. Le ciel s'assombrit, les nuages se firent menaçants, et un sinistre silence s'installa sur New Zebedee. La ville semblait retenir son souffle, comme si elle s'apprêtait à vivre une terrible épreuve. À 15 h 50, n'y tenant plus, Mme Jaeger et Emily montèrent dans la vieille Chevrolet noire et se dirigèrent vers la rue Haute. Elles arrivèrent au moment où Mme Holtz partait d'un air affairé en balançant son gros sac à main.

Emily conseilla à Mme Jaeger de garer la voiture un peu plus loin, juste devant le garage qui abritait la vieille Ford 1935 de Jonathan. Elles revinrent à pied devant la maison et Emily regarda nerveusement à gauche et à droite. Il n'y avait personne en

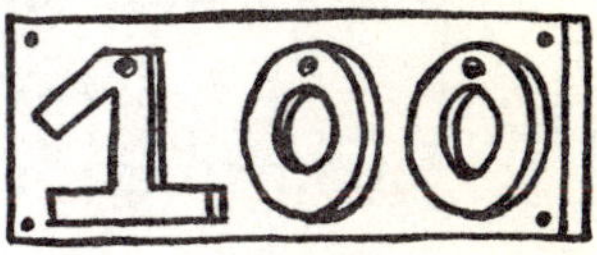

vue. Une petite plaque portant le numéro « 100 » en chiffres phosphorescents était fixée à la grille en fer forgé qui longeait le trottoir. Emily prit le 1 entre deux doigts, le tira vers elle et le tourna vers la droite. Elle sortit le double de la clé qui était caché à l'intérieur, remit le chiffre dans sa position normale et appuya dessus pour entendre le déclic. Elle ouvrit facilement la porte et pénétra dans le hall d'entrée, suivie de Mme Jaeger.

– Quelle heure est-il ? lui demanda Emily.

– Presque quatre heures et quart, lui répondit Mme Jaeger en regardant sa montre.

Emily poussa un gémissement. Il ne leur restait que trois heures avant le début du spectacle. Qu'allaient-elles pouvoir faire, même si elles réussissaient à joindre Jonathan ou Mme Zimmermann ? Ils étaient tous les deux très loin, en Floride, et ne pourraient jamais revenir à temps pour les aider à rompre le sortilège. Il faut malgré tout essayer, se dit Emily. Elles étaient toutes les deux debout devant le portemanteau et, en agitant sa cuillère en bois, Mme Jaeger déclara d'une voix ferme :

– Je sais que je ne suis pas très douée, mais j'ai devant moi un objet magique très puissant. Je lui demande instamment de nous aider ! Montre-nous Jonathan Barnavelt ou Florence Zimmermann, s'il te plaît !

Emily se mordit les lèvres. Le miroir ne reflétait rien d'autre que leurs deux visages anxieux. Brusquement, il se mit à scintiller, s'anima de tourbillons colorés, et finit par s'éclaircir. Les yeux écarquillés de surprise, Emily vit un homme replet à la barbe rousse, bizarrement accoutré d'un costume médiéval, qui avait dans les mains une tête humaine en bronze ou en cuivre. Il jeta un coup d'œil vers elles, sursauta sur sa chaise et cria :

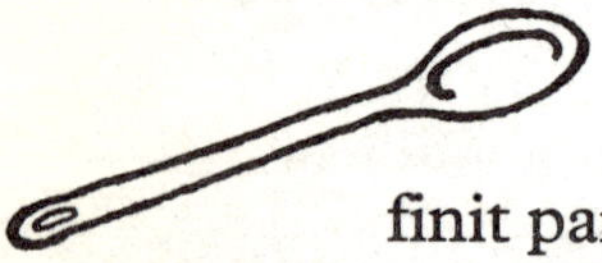

– Par saint Éloi, qu'est-ce que c'est que cette vision ?

– Excusez-moi, frère Bacon, dit Mme Jaeger d'un air navré. Continuez, je vous en prie !

L'image s'effaça.

– Je n'arrive jamais à bien le faire, marmonna Mme Jaeger. Si j'ai distrait Roger Bacon au moment crucial, peut-être que cette tête en cuivre qui doit normalement parler ne pourra que jacasser sur le temps qu'il fait. Je vais faire un autre essai.

Elle répéta sa formule et le miroir scintilla à nouveau. Cette fois, Emily poussa un cri de joie.

Elle avait devant elle deux yeux bleus familiers au regard bienveillant derrière des lunettes à monture dorée. Des yeux qui se plissaient d'un air complice et amical.

– Madame Zimmermann ! cria-t-elle.

Les yeux clignèrent, puis regardèrent ailleurs, avant de se tourner à nouveau vers Emily. On voyait maintenant le visage en entier.

– Dieu du ciel ! dit Mme Zimmermann d'une voix lointaine, mais parfaitement audible. Tu m'as fait tellement peur, Emily, que j'ai failli jeter Bessie sur un poteau télégraphique.

Elle jeta un coup d'œil sur sa droite en disant :

– C'est Emily, Barbe folle. Tu l'entends ? Je la vois dans le rétroviseur !

Jonathan Barnavelt s'inclina en rapprochant sa tête de celle de Mme Zimmermann.

– Moi aussi, dit-il. Que diable se passe-t-il à New Zebedee, Emily ? Nous avons essayé d'y venir, mais nous n'avons pas réussi à traverser le brouillard.

– Vous êtes ici, à New Zebedee ? s'écria Emily, le cœur battant.

– Nous sommes tout près, dit Mme Zimmermann. En fait, nous roulons vers ma maison de campagne et nous approchons du lac Lyon. Raconte-nous ce qui s'est passé.

Emily et Mme Jaeger leur exposèrent rapidement la situation en leur résumant l'histoire de Vanderhelm et son opéra. Quand Emily expliqua que Kévin avait été capturé par le spectre, Jonathan eut l'air si accablé qu'elle crut qu'il allait fondre en larmes. Le visage de Mme Zimmermann prit une expression déterminée et, à la fin du récit, elle dit en parlant bien distinctement :

– Emily, il faut que tu ailles chez moi avec Mme Jaeger. La clé est sous le paillasson. Tu sais où est la chambre d'amis et tu connais le tiroir où je range mes amulettes. Il va falloir que tu en trouves une qui est très spéciale. Alors écoute-moi bien.

Elle leur décrivit une amulette magique, une perle sur laquelle étaient gravées des lettres hébraïques, et leur expliqua exactement comment s'en servir.

– Nous serons devant l'anneau de brouillard à sept heures pile, ajouta-t-elle. Si tout marche bien, nous avons nos chances. Allez-y, maintenant, et dépêchez-vous !

Mme Jaeger et Emily refermèrent la porte d'entrée. Il n'était que 17 heures, mais le ciel était si sombre qu'il faisait presque nuit. Un voile de ténèbres s'était abattu sur la ville. Suivie de Mme Jaeger, Emily se hâta vers la maison voisine en espérant qu'elle allait trouver cette amulette et qu'il ne serait pas trop tard pour rompre le mauvais sort et sauver Kévin.

Kévin avait froid, faim et peur. Surtout peur. Mais cette peur était là depuis si longtemps qu'il s'y était presque habitué. Il avait passé une journée difficile à chercher un moyen de sortir de cet horrible trou, sans rien trouver. Le fantôme de M. Finster lui avait conseillé de se servir de ce qu'il avait, mais il n'avait pas grand chose : sa montre, son blouson, sa chemise, son jean, ses sous-vêtements, ses chaussettes et ses baskets. Et aussi l'écharpe qui pendait du rebord de la trappe. Dans la poche de sa chemise, il avait un peigne et un stylo, et dans celle de son jean, un portefeuille ne contenant que les photos de ses parents et de son oncle, ainsi qu'un billet d'un dollar. Rien de tout cela ne pouvait l'aider.

Il regrettait que sa montre n'ait pas de cadran lumineux. Il n'avait aucune idée de l'heure, mais pensait qu'il devait être très tard. L'opéra allait sûrement bientôt commencer. Soudain, il entendit quelque chose. Un craquement. Au-dessus de lui.

Il voulut appeler au secours, mais il s'étrangla et ne put lancer qu'un petit cri rauque.

Il entendit un nouveau craquement. Quelqu'un marchait sur la trappe. Il appela de nouveau.

Il se souvint soudain que Vanderhelm lui avait déclaré que le réduit était insonorisé. Personne ne pourrait l'entendre, à moins qu'il ne puisse cogner sur la trappe elle-même. Et le fantôme, que lui avait-il dit, déjà ? *Il faut frapper pour entrer – ou pour sortir.* Oui, c'était ça. Mais la trappe était bien trop haute au-dessus de sa tête. Il ne pouvait pas l'atteindre.

Il eut alors une idée qui lui fit froid dans le dos. *Sers-toi de ce que tu as*, lui avait conseillé le fantôme, *utilise ce que je te laisse.* Rien de qu'il avait sur lui ne pouvait l'aider, c'était clair, mais le fantôme lui avait laissé autre chose.

Son squelette.

En tremblant de tous ses membres, Kévin tâtonna dans les ossements. Il sentit un os très long, qui provenait sans doute du bras, et le ramassa. Puis il le leva au-dessus de sa tête et sonda le vide. *Toc* ! Il était suffisamment long pour toucher la trappe et Kévin se mit à cogner dessus, à cogner si fort que, dans ce minuscule espace clos, les coups résonnaient comme des coups de feu. *Bang* ! *Bang* ! *Bang* !

Puis il poussa de toutes ses forces et sentit la trappe se soulever. Elle s'entrouvrit de quelques centimètres. Kévin vit un rai de lumière, sans pouvoir la pousser plus haut.

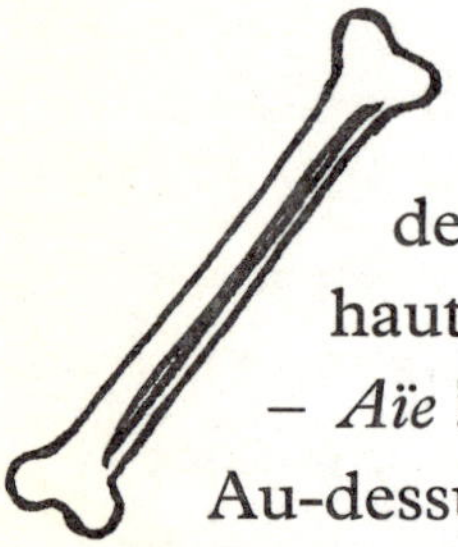

– *Aïe* !

Au-dessus de lui, quelqu'un venait de trébucher contre la trappe entrouverte en poussant un grognement de douleur ou de surprise.

– Qu'est-ce c'est que ça ?

Kévin entendit quelqu'un tâtonner autour de la trappe.

– Au secours ! cria-t-il. Je suis coincé au fond !

La trappe s'ouvrit et une faible lumière éclaira vaguement le réduit. Kévin laissa tomber l'os qu'il avait à la main. Une silhouette se pencha vers lui en scrutant la pénombre.

– Qui est là ? Fait si noir là-d'dans que j'y vois rien !

C'était la voix de M. McGillis, un des coiffeurs de la ville.

– Mon écharpe est coincée derrière la trappe, lui cria Kévin. Tenez-la bien pendant que je grimpe.

M. McGillis était grand et costaud. Il attrapa l'écharpe et la tint solidement pendant que Kévin s'en servait comme d'une corde. Il parvint à se hisser sur le rebord et s'écarta à quatre pattes pendant que M. McGillis refermait la trappe.

– Mais c'est Kévin Barnavelt ! s'écria-t-il. Qu'est-ce que tu fiches là-d'dans, Kévin ?

– Vous m'avez sauvé la vie, dit Kévin d'une voix pantelante. Je…

Une sonnerie de trompettes et un roulement de tambours l'interrompirent.

– Excuse-moi, petit, dit M. McGillis. M'sieur Vanderhelm a décidé de commencer la r'présentation une heure plus tôt. L'dernier acte va commencer et je joue d'dans. À tout à l'heure ! cria-t-il en s'esquivant derrière les rideaux.

Kévin regarda sa montre. Il était presque 19 heures. Si l'opéra durait une heure et demie, les morts ressusciteraient dans trente-deux minutes.

Et la sinistre créature qui disait s'appeler Henry Vanderhelm deviendrait leur roi pour l'éternité.

Chapitre 15

Le brouillard poisseux qui frôlait les joues, les bras et les jambes d'Emily lui donnait la nausée. Elle aurait voulu ne pas respirer, car la pensée qu'il puisse pénétrer dans ses poumons lui faisait horreur. Mme Jaeger et elle venaient de traverser la voie de chemin de fer et de pénétrer dans l'épaisse purée de pois. Elles étaient maintenant debout dans cette obscurité étouffante où tourbillonnaient d'horribles formes d'un gris légèrement plus pâle. Emily tenait l'amulette devant elle.

C'était une petite boule blanche et douce de la taille d'une bille sur laquelle des lettres hébraïques avaient jadis été gravées par un grand magicien adepte de la Kabbale, une doctrine mystique extrêmement puissante. Mme Zimmermann avait indiqué à Mme Jaeger la formule qu'elle devrait prononcer au bon moment et celle-ci, très anxieuse, ne cessait de se la répéter en la murmurant à voix basse.

– C'est l'heure, dit Emily. Mme Zimmermann a dit qu'ils allaient à sa maison de campagne pour se préparer et qu'ils seraient de retour à sept heures pile. Il est sept heures, madame Jaeger.

Mme Jaeger prit une profonde inspiration et se mit à réciter un étrange poème où se côtoyaient des mots basques, finno-ougriens, tagals, hébreux, latins et grecs. Il fallait qu'elle pousse un petit *yah* aigu à la fin de chaque vers, ce qu'elle faisait avec enthousiasme avant de murmurer « Oh mon Dieu ! » et de reprendre la suite. Elle agitait en même temps sa cuillère en bois magique comme si elle remuait le contenu d'une casserole de porridge bouillant. Elle arriva enfin au bout de l'incantation qui se terminait par le mot *lux* répété trois fois avec emphase. Emily trouvait étrange qu'elle se termine ainsi par le nom d'une lessive mais, après tout, elle n'était pas une spécialiste.

Quand le mot *lux* fut prononcé pour la dernière fois, Emily vit que le cordon au bout duquel pendait l'amulette se tendait. Elle le tint bien serré.

L'amulette se mit alors à joyeusement bondir de haut en bas comme un yo-yo.

– Euh... madame Jaeger ? marmonna Emily. Je crois que vous ne l'avez pas bien prononcée. Vous devriez réessayer en supprimant les « Oh mon Dieu ! »

– Je savais bien que je n'y arriverais pas, renifla Mme Jaeger.

Mais elle recommença et, dès les premiers vers, l'amulette se calma. Mme Jaeger récita l'incantation jusqu'à la fin et la perle se mit aussitôt à frémir au bout de son cordon.

Emily s'efforçait de voir s'il se passait quelque chose. Avec l'obscurité, le brouillard et les formes tournoyantes, la perle était à peine visible. Il lui sembla néanmoins qu'elle devenait plus brillante. Elle allait demander à Mme Jaeger ce qu'elle en pensait lorsque...

Woush ! Avec le bruit de souffle d'une petite explosion, l'amulette lança un jet de lumière d'un blanc éclatant. Le brouillard recula autour d'elles. Emily dut plisser les yeux et détourner la tête pour ne pas être éblouie. Mme Jaeger avait levé un bras pour se protéger le visage, et sa silhouette en noir et blanc était comme illuminée par un projecteur. Les yeux d'Emily, qui s'étaient pourtant détournés de l'amulette, ruisselaient de larmes. L'incantation magique avait marché ! Elle pouvait voir la rue sous ses pieds et les rails de chemin de fer rouillés derrière elle. Mais la lumière de l'amulette était-elle assez vive pour traverser le brouillard ? Si elle ne le transperçait pas complètement, le problème resterait le même.

– Écoute ! dit Mme Jaeger.

Le cœur battant, Emily tendit l'oreille. Quelque chose approchait. Des craquements et des crissements se dirigeaient vers elles, comme si une énorme masse se déplaçait. Un dinosaure affamé, peut-être, ou alors un tigre ou un ours...

– C'est une voiture ! s'exclama Mme Jaeger. Je vois ses phares !

– Bessie ! cria Emily en même temps.

La lueur indistincte des phares ne cessait de se rapprocher. Emily recula d'un pas, puis d'un autre, et traversa ainsi lentement les rails de chemin de fer en sortant du brouillard. Les phares suivaient toujours la lueur magique de l'amulette et, brusquement, le capot violet de cette Bessie que Mme Zimmermann aimait tant surgit de l'épais brouillard. Quelques secondes plus tard, Mme Zimmermann et Jonathan jaillirent des deux portières avant. Sa tâche accomplie, l'amulette s'éteignit tandis qu'Emily se jetait dans les bras de sa vieille amie.

– Il faut que nous sauvions Kévin, dit-elle d'une voix haletante.

– C'est pour ça que nous sommes là, grogna Jonathan. Vous vous en êtes drôlement bien sortie, cette fois-ci, Mildred ! Allez, tout le monde en voiture ! On va foncer au théâtre.

Dès qu'ils furent tous montés, Mme Zimmermann démarra en trombe. Il traversèrent à toute allure la ville déserte et s'arrêtèrent devant le bâtiment de l'opéra. Jonathan ouvrit sa portière et le son lointain de la musique et des chants parvint aussitôt dans la voiture. Il lança un coup d'œil inquiet à Mme Zimmermann.

– On dirait que les réjouissances ont déjà commencé, dit-il à voix basse.

– Eh bien, on va les interrompre, lui répondit Mme Zimmermann. Tout le monde descend ! Mildred, est-ce que tu te souviens de la formule d'expulsion du mal ?

– Bien sûr, Florence, dit Mme Jaeger. Mais je ne sais pas bien la prononcer…

– Tu ne la prononceras pas toute seule, dit Mme Zimmermann. Nous la dirons également, Jonathan et moi. L'important, c'est que l'un de nous la récite jusqu'au bout, quoiqu'il arrive aux autres. Ne l'oubliez surtout pas !

Tenant fermement son parapluie, elle ouvrit sa portière.

– Je suppose qu'il ne sert à rien de te dire d'attendre dans la voiture, Emily ! Alors viens avec nous, mais ne t'approche pas trop. Un duel de sorciers peut être dangereux, et mieux vaut pour toi rester à l'écart. Allez, on y va !

Jonathan secouait déjà la poignée de la porte du théâtre.

– Elle est fermée à clé, grommela-t-il. J'aurais dû m'en douter. Bon, je vais voir si je peux l'enfoncer…

– Mais non, pousse-toi, Barbe folle ! dit Mme Zimmermann d'une voix brusque.

Elle murmura quelques mots et un jet de lumière violette grésillante jaillit de la boule de cristal fixée dans la patte de griffon en bronze au bout du manche de son parapluie. Dès que le rayon l'effleura, la poignée de porte irradia elle aussi une lueur violette.

– Essaie de l'ouvrir, dit-elle.

Jonathan la tourna et la porte s'ouvrit.

– Beau travail, vieille sorcière ! Allez, on y va…

Il s'interrompit brutalement car quelque chose venait de jaillir de l'intérieur et de violemment s'agripper à lui.

Mme Zimmermann et Mme Jaeger poussèrent un cri d'effroi.

Mais Emily éclata de rire avec soulagement.

La chose qui venait de surgir était Kévin. Son ami était sain et sauf, et il allait bien.

D'une voix haletante, il leur raconta brièvement son horrible séquestration. À la fin du récit, Jonathan poussa un grognement de colère.

– Par saint Georges, s'écria-t-il, je suis peut-être un magicien de second ordre, mais je ne laisserai personne traiter mon neveu de cette façon ! Vous êtes prêts ? Allez, on va lui montrer de quoi on est capable !

Ils commencèrent à monter l'escalier, Kévin fermant la marche avec Emily.

– Tu as vraiment parlé avec un fantôme ? chuchota-t-elle.

– Ouais, répondit Kévin. Au début, j'ai eu peur, mais j'ai compris qu'il voulait m'aider. Et, si j'ai pu sortir de cette tombe, c'est grâce à l'un de ses os.

Kévin sentit Emily frissonner – elle était claustrophobe.

– Je serais devenue complètement folle à ta place, murmura-t-elle.

En haut de l'escalier, Jonathan prit la direction des opérations comme un général commandant son armée. D'un signe de la main, il dirigea

Mme Zimmermann vers l'arcade de gauche. Puis il chuchota à Mme Jaeger :

– Comptez jusqu'à quinze après que je sois entré et suivez-moi, mais à distance.

Quant à Kévin et Emily, il leur dit :

– Mieux vaut que vous restiez ici, les enfants, ou du moins au fond de la salle. Et quoi que vous voyiez, n'y croyez pas. Rien de ce qui peut apparaître dans un duel de magiciens ne peut faire de mal à ceux qui n'y croient pas.

– Viens par ici, murmura Emily en prenant la main de Kévin et en l'entraînant vers l'arcade de gauche.

La gorge serrée, Kévin la suivit, visiblement à contrecœur. Lorsqu'ils arrivèrent sous l'arcade, ses yeux s'écarquillèrent. Métamorphosée,

Mme Zimmermann n'avait plus son manteau violet et son parapluie noir. Elle portait une magnifique cape violette dont les plis formaient de longues traînées de flammes orange, et elle tenait à la main une grande baguette d'ébène au bout de laquelle étincelait une splendide étoile violette. Elle descendait l'allée en avançant d'un air solennel et imposant.

Sur le devant de la scène, Vanderhelm dirigeait le chœur qui l'entourait. Ses yeux flamboyèrent quand il vit Mme Zimmermann et ses gestes s'accélérèrent. Les malheureux chanteurs se mirent à chanter de plus en plus vite, essayant de reprendre leur souffle entre les lignes. Mme Zimmermann psalmodiait quelque chose, mais leur chant prit de l'ampleur. Une forme noire ailée, une énorme chauve-souris, plongea du plafond. Son horrible bouche s'ouvrait sur de longues canines acérées et ses yeux brillants rougeoyaient comme des charbons ardents. Voyant le monstre foncer sur elle, Mme Zimmermann pointa vers lui sa baguette. La chauve-souris grimaça et explosa dans un éclair violet à moins d'un mètre de sa tête. Mais la magicienne chancela, et les yeux de Vanderhelm étincelèrent en signe de victoire.

La voix tonitruante de Jonathan Barnavelt reprit alors l'incantation. Les chanteurs hésitèrent et leurs voix faiblirent. Pendant quelques instants, Kévin eut l'impression que son oncle allait gagner.

Mais, soudain, Vanderhelm se mit à chanter d'une voix de baryton féroce et impérieuse. Derrière Jonathan, un fauteuil du théâtre s'arracha du sol et commença à avancer vers lui sur ses quatre pieds de fonte. Puis il grossit et changea de forme, devenant un monstre pourvu d'horribles griffes acérées. L'avant du siège se fendit en s'ouvrant sur une bouche écumante, où

une langue fourchue s'agitait furieusement entre des dents pointues. Jonathan sentit la présence du monstre au moment où celui-ci se ramassait pour bondir sur lui. Il tournoya sur lui-même, pointa sa canne, et cria un mot tranchant et glacé comme une lame d'acier. Le monstre fut projeté en l'air comme s'il venait d'être heurté par une voiture et, quand il retomba à mi-chemin de l'allée, il n'était plus qu'un siège ordinaire. Mais, en interrompant l'incantation reprise par Jonathan, Vanderhelm avait fait taire la voix de ce nouvel adversaire. Kévin vit son oncle trébucher et porter la main à sa gorge en proférant d'horribles sons rauques.

– Il chante le dernier aria ! cria Emily. S'il va jusqu'au bout, les morts ressusciteront !

Debout au dernier rang, Mme Jaeger commença timidement à psalmodier, agitant sa cuillère en bois en rythme avec les paroles. Mais un simple geste de Vanderhelm gela les mots dans sa gorge et elle s'effondra sur un des sièges de la rangée.

La voix de Vanderhelm s'enfla, toujours plus forte, et ses yeux lancèrent un abominable regard de triomphe. Mme Zimmermann agitait sa baguette tout en se tenant la gorge de l'autre main. Kévin eut brusquement envie de faire demi-tour et de partir en courant.

Mais, au lieu de s'enfuir, il hurla à Emily :

– Nous connaissons la partition ! Nous sommes les seuls à pouvoir l'arrêter ! Rappelle-toi, c'est ce que nous a dit le magicien dans le miroir !

Il s'élancèrent tous les deux vers la scène, passant en trombe de chaque côté de Mme Zimmermann, et se retrouvèrent côte à côte devant Vanderhelm.

– Vous appelez ça un opéra ? brailla Kévin de toutes ses forces. C'est complètement nul !

Vanderhelm jeta vers lui un regard noir, mais continua à chanter, la bouche grimaçante de haine.

– Kévin ! cria Emily. Qu'est-ce que tu fabriques ?

– J'comprends pourquoi l'vieux Vanderflop a commencé l'spectacle sans un spectateur, lui hurla Kévin. Il avait peur d'être sifflé. Il chante comme un pied !

Emily saisit la balle au bond et renchérit.

– Vous n'êtes pas dans le ton ! s'exclama-t-elle d'un voix stridente. Et vous chantez tellement faux que ça me déchire les oreilles ! Il n'y connaît rien, ma parole ! Mais où est-ce que vous avez appris à chanter, dans un poulailler ?

– Coin, coin, coin ! beugla Kévin. On dirait un canard qui a mal au ventre !

– Et cet opéra est minable, insista Emily. Mon grand-père aurait sûrement fait mieux, et il est à moitié sourd !

– C’est quoi, ce truc ? Le Concerto pour les Crétins ? ironisa Kévin. Vous l’avez écrit pour les débiles, Vanderstupide ?

– *Comment osez-vous !*

Vanderhelm n’avait pas chanté ces mots. Il les avait hurlés de toutes ses forces, et l’orchestre déconcerté fit quelques couacs avant de s’arrêter.

– *Comment osez-vous vous moquer de la plus grande création de…*

– Allons-y ! cria Jonathan, et les trois magiciens – Mme Jaeger, Mme Zimmermann et lui – se mirent à entonner une mélopée puissante et véhémente. Leurs voix vibrantes s’enflèrent en résonnant sous le haut plafond et Kévin sentit leur pouvoir s’intensifier, comme une énorme vague sur le point de déferler sur des rochers.

Vanderhelm qui suffoquait essaya de reprendre son chant, mais un vent puissant se mit à souffler sur le théâtre, comme si une tempête allait en arracher le toit.

Bang ! La porte d’entrée du théâtre s’ouvrit violemment avec un claquement de tonnerre, sortant presque de ses gonds. *Woush* ! Le vent s’engouffra dans la salle, faisant tinter le cristal du grand lustre accroché au plafond. *Ffrrrr* ! Les rideaux se gonflèrent et les décors vacillèrent.

Poussant des cris d'effroi, les chanteurs quittèrent la scène en courant alors que les toiles de fond ballottaient en tous sens dans les hurlements du vent.

– *Non* ! brailla Vanderhelm.

Les yeux brillants de colère, il menaça du poing les musiciens dans la fosse d'orchestre :

– *Jouez, maudits musiciens, jouez* !

Mais ils étaient tous en train d'escalader les rebords de la fosse, et ils se sauvèrent à toute allure

de la salle. Le vent plongea dans la fosse d'orchestre, faisant vibrer les cordes des violons, tirant d'affreux miaulements de l'alto, soufflant de lugubres flonflons dans le tuba et frappant même un rythme funèbre sur la grosse caisse. Soudain, jaillissant de la fosse d'orchestre, un cyclone de feuilles de partitions s'abattit sur Vanderhelm dont la voix faiblissante essayait vainement de chanter le final.

Avec un long bruissement – comme si quelqu'un battait un jeu de cartes géant –, sa silhouette sembla se dissoudre dans le papier et l'encre des feuillets qui s'envolaient dans les airs. Comme un énorme serpent, le vent gorgé de musique décrivit une courbe sous le plafond, passa sous l'arcade, plongea dans la cage d'escalier et disparût dans la nuit. Une toile de fond s'affala bruyamment sur la scène. Dans la fosse d'orchestre, un dernier courant d'air fit tinter le triangle.

Plusieurs images surgirent dans l'esprit de Kévin. Les morts qui s'étaient relevés dans leur tombe au cimetière d'Oakridge et qui avaient presque été ramenés à la vie pour devenir des esclaves, venaient maintenant de se rallonger en poussant des soupirs de soulagement. Quelque part, une affreuse statue de pierre venait de voler en éclats. Et dans le réduit sous la scène, un tas de vieux ossements qui s'étaient presque animés aux accents de la musique maléfique, venait de retomber avec lassitude, heureux de reposer à nouveau en paix.

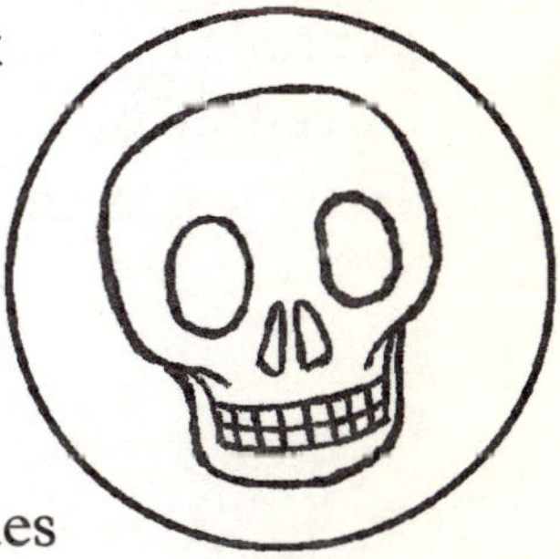

Quelques instants plus tard, des têtes surgirent furtivement au-dessus des corniches de l'avant-scène. Les chanteurs revinrent peu à peu au milieu des décors dévastés. Ils se regardaient les uns les autres, les yeux écarquillés, comme s'ils venaient de se réveiller d'une longue hibernation.

– Juste ciel ! dit M. Feeney en pointant du doigt M. McGillis. Tu as une de ces têtes !

– Mais qu'est-ce que nous fabriquons ici ? demanda quelqu'un.

– Je ne me rappelle de rien, dit un autre.

– Emily ? Emily ? Tu es là ? cria Mme Pottinger en abritant ses yeux de la main.

Avec sa longue robe décorée de perles et sa haute perruque argentée, elle était méconnaissable. Mais quand Emily se précipita dans ses bras, elle eut son vieux rire familier.

– Merci, mon Dieu ! dit-elle. Je ne sais pas ce qui s'est passé, mais je me sens complètement ridicule !

– L'envoûtement est rompu, dit Jonathan, la main sur l'épaule de Kévin. Grâce à nous tous, cette horrible histoire qui avait débuté il y a si longtemps est enfin finie. Nous ne reverrons plus jamais le vieux Vanderhelm.

Chapitre 16

Le samedi après-midi suivant, Emily, Mme Jaeger et Mme Zimmermann vinrent rendre visite à Jonathan et Kévin dans leur vieille demeure de la rue Haute. Mme Zimmermann avait apporté ses merveilleux biscuits aux noix caramélisés. Ils les dégustèrent avec de grands verres de lait, confortablement installés sur les sièges de jardin disposés derrière la maison. Le ciel était bleu, et le temps chaud et ensoleillé. L'herbe commençait à reverdir et les bourgeons s'entrouvraient sur les arbres. Le printemps venait enfin d'arriver, exhalant un merveilleux parfum de végétation renaissante.

– Bien, dit Jonathan en terminant son verre de lait. J'ai de bonnes nouvelles. Tout d'abord, vous serez heureux d'apprendre que les membres de l'Association des magiciens du comté de Capharnaum sont tous revenus de l'exil auquel les avait condamnés Vanderhelm. J'ai discuté avec eux et ils racontent tous la même chose. Ils – ou elles – étaient piégés dans leur propre maison par cet horrible brouillard qui les isolait de la ville, exactement comme New Zebedee était coupé du reste du monde.

– Mais ils pratiquent tous la magie ! Ils n'ont rien pu faire pour s'échapper ? demanda Emily.

– Non, répondit Mme Zimmermann, car le vieux Vanderhelm avait mis au point un charme particulièrement puissant. Un magicien peut contrer un sort jeté sur lui par un de ses pairs, mais son pouvoir ne suffit pas : il y a des choses qu'il doit connaître. On ne peut, par exemple, lutter contre un mauvais sort sans savoir qui l'a jeté. Or tout le monde, dans l'association, croyait que Vanderhelm était mort depuis des années, et personne n'a pensé qu'il pouvait en être l'auteur.

Kévin, qui s'était remis de toutes ses frayeurs, s'exclama alors :

– Je pensais que Vanderhelm était *vraiment* mort puisqu'il avait été vaincu en duel par Lucius Mickleberry.

Jonathan fit la grimace.

– C'est ce que nous avions tous cru, Kévin. Malheureusement, ce n'était pas tout à fait vrai, car Vanderhelm avait enserré une partie de sa personnalité – son désir fou d'être le Roi des Morts – dans un sort qui devait ramener à la vie un double de lui-même. Un fantôme émanant de la partition musicale qui était le support du maléfice. C'est à cette créature que tu as eu affaire.

– Et au cas où tu te demanderais si tu es responsable du retour à la vie de ce monstre, ajouta Mme Zimmermann en souriant, la réponse est clairement non. Quand un sorcier meurt, tous ses envoûtements en cours sont rompus. Lucius Mickleberry avait dû en opérer un sur Vanderhelm, peut-être même après la fin du duel. Il devait se douter que le vieux chanteur avait laissé derrière lui quelques mauvaises surprises. Si cet envoûtement avait été réalisé avant la mort du vrai Vanderhelm, il aurait été définitif. C'est la mort de Lucius qui a sans doute rompu le sort empêchant son double de se matérialiser.

– Quoi qu'il en soit, soupira Mme Jaeger, cette affaire est enfin terminée. Et tout est bien qui finit

bien, même si tout le monde se moque maintenant de New Zebedee, la ville qui s'est perdue dans le brouillard au printemps !

– Certains se doutent de quelque chose, vous savez, lui dit Emily. Depuis que mon oncle l'a ramené en ville, mon grand-père ne cesse de dire qu'on lui cache la vérité. C'est bizarre que personne ne se souvienne de ce qui s'est passé, non ?

– Cela n'a rien d'étonnant, Emily, intervint Jonathan. C'est toujours comme ça quand la magie est en jeu, et il est très important que tous ceux et celles qui ont été associés à ce ridicule opéra ne puissent se rappeler une seule ligne de sa musique. Cela veut dire que le maléfice de Vanderhelm est à jamais rompu. À dire vrai, je crois que tous les chanteurs et les musiciens se sont sentis un peu ridicules dans cette histoire. Au collège, Mlle White met tout sur le compte d'une forme bizarre de fièvre printanière. Mieux vaut laisser croire à nos braves concitoyens qu'ils sont juste devenus un peu mabouls après un long hiver très rigoureux, et en rester là.

Mme Jaeger l'approuva de la tête et ajouta :

– Je suppose que ce vieux théâtre va définitivement fermer.

– Non, ce serait idiot ! s'écria Mme Zimmermann de sa voix brusque. Le maléfice a disparu, exactement comme le brouillard qui entourait la ville ! Et puisque les ossements du pauvre Mordecai Finster reposent à présent en paix dans le cimetière d'Oakridge, son fantôme ne viendra plus jamais hanter ce théâtre. Il n'y a plus aucun risque et je vais proposer à la prochaine réunion de l'administration scolaire qu'il soit mis à leur disposition. Cela fait des années qu'ils ont besoin d'une salle de spectacle, et elle fera parfaitement l'affaire.

Kévin soupira.

– J'ai eu si peur du fantôme de M. Finster, avoua-t-il, alors qu'il voulait seulement m'aider ! J'espère que son esprit a trouvé le repos maintenant.

– Tu peux en être sûr, Kévin, dit son oncle. Un fantôme trouve toujours le repos quand il a accompli ce qu'il voulait faire sur terre. Et pour être sûr que rien de ce genre ne puisse se reproduire, je suis allé avec des amis remplir de ciment le réduit où est mort ce pauvre Mordecai.

– Et voilà, tout est fini, dit Mme Jaeger. Je suis heureuse d'avoir pu un peu vous aider avec mes modestes moyens.

Le rire de Jonathan résonna dans tout le jardin.

– « Modestes moyens », dites-vous ? Bon, je reconnais que ce sont les critiques musicales de

Kévin et Emily qui ont permis la défaite de Vanderhelm. Toucher la vanité de cette créature démoniaque a été une diversion efficace, et nous avons pu contrer son pouvoir. Mais vous êtes l'héroïne du jour, Mildred ! On le lui dit, vieille sorcière ?

Les yeux de Mme Zimmermann pétillèrent de malice.

– Je suppose que oui, vieux chnoque, puisque la réunion a lieu ce soir.

Avec un large sourire, Jonathan poursuivit alors :

– Pour être élu membre de l'Association des magiciens du comté de Capharnaum, Mildred, il faut faire ses preuves en mettant au point tout seul un vrai sortilège magique. Pour ma part, j'ai éclipsé la lune, et la vieille sorcière ici présente a… Bon, c'est une autre histoire. Quoi qu'il en soit, ce que vous avez réussi à faire avec le miroir montre que vous présentez les conditions requises. J'en ai parlé à tous nos collègues, et ils sont d'accord. Félicitations, Mildred ! Vous êtes désormais membre de l'Association des magiciens du comté de Capharnaum.

Rouge de plaisir et de confusion, Mme Jaeger se mit les mains sur les joues.

– Oh ! mon Dieu, s'écria-t-elle, je ne sais pas quoi dire.

– Ne dites rien, Mildred, lança Mme Zimmermann en riant. Venez simplement à la réunion ce soir. Il y aura la cérémonie officielle.

– Je n'ai jamais assisté à ce genre de choses, vous savez. Comment faut-il que je m'habille ? demanda Mme Jaeger.

– Comme vous voulez, répondit Jonathan en souriant. Soyez naturelle, sentez-vous à l'aise, et restez vous-même ! Mais je voulais vous dire…

Jonathan s'interrompit en écarquillant les yeux d'un air inquiet.

– Qu'est-ce que c'est que ça ? balbutia-t-il.

Le cœur de Kévin bondit dans sa poitrine. Un son flûté, étrange et inquiétant, se rapprochait et s'amplifiait d'instant en instant. Ils se levèrent tous d'un bond et regardèrent fixement l'angle de la maison.

Quelques secondes plus tard, Jailbird arriva d'un pas nonchalant en sifflant *Auprès de ma blonde*, mais si mal qu'on aurait dit un chant funèbre.

Le visage de Mme Jaeger prit une expression désolée.

– Dieu merci, je ne suis pas aussi nulle que celui qui a ensorcelé ce pauvre chat !

Mme Zimmermann éclata de rire. Oncle Jonathan devint cramoisi, mais ne put s'empêcher d'en faire autant. L'air très content de lui, Jailbird termina son couplet. Puis il s'allongea par terre et se lécha tranquillement les pattes tandis que Mme Jaeger, Emily et Kévin éclataient de rire à leur tour. Et ces rires pleins de vie résonnèrent gaiement dans l'air tiède de cette première vraie journée de printemps.

Retrouvez Kévin et Emily dans la suite de leurs aventures !

À paraître en septembre 2003

KÉVIN ET LES MAGICIENS 7

Le Monstre sous le pont

CET OUVRAGE
A ÉTÉ ACHEVÉ D'IMPRIMER SUR ROTO-PAGE
PAR L'IMPRIMERIE FLOCH À MAYENNE
EN MAI 2003

Éditions du Rocher
28, rue Comte-Félix-Gastaldi
Monaco

Dépôt légal : mai 2003.
N° d'édition : CNE section commerce et industrie
Monaco : 19023.
N° d'impression : 57159.

Imprimé en France